Dr. Ruth K. Westheimer

Die Sprache der Musik
Ein Leben mit Liedern

Biographie

Gryphon Verlag

Die Deutsche Bibliothek verzeichnet diese Publikation in der Deutschen Nationalbibliografie; detaillierte bibliografische Daten sind im Internet über http://dnb.ddb.de abrufbar.

Originaltitel:
Musically Speaking - A Life Through Song
ISBN 0-8122-3746-3

Das Buch wurde gefördert durch
Mittel des Auswärtigen Amtes.

Übersetzung: Elisabeth Seligmann
© Buch- u. Coverlayout: Idee & Konzept
Coverphotos: Karin Kohlberg - German Vogue, David Best,
Pierre Lehu, Carol De Koven

Verlagsausgabe:
Gryphon Edition
München - London - New York
Druck: 1. Auflage
ofprint - Bratislava
Internet: www.gryphon-verlag.de
eMail:info@gryphon-verlag.de

ISBN: 978-3-937800-45-5

Gesänge sind mir deine Satzungen

im Hause meiner Pilgerschaft.

Psalm 119, 54

Ouvertüre

Ich kann nicht singen. Ich bin die Erste, die das zugibt. Ich weiß es, seit ich zehn Jahre alt war. Bis dahin hatten Vater, Mutter und Großmutter vor mir verbergen können, dass es mit meinem Gesangstalent nicht weit her war. Dies und vieles andere änderte sich schlagartig, als ich mein geliebtes Zuhause in Frankfurt am Main verließ, um mein zehntes bis fünfzehntes Lebensjahr in einem Schweizer Kinderheim zu verbringen. Als ich dort im Chor mitsang, wurden mir die Grenzen meiner Sangeskunst mit einem Mal bewusst. Ich bemühte mich, so leise wie nur möglich zu singen. Ich wollte die schönen Melodien nicht kaputt machen, die die anderen von sich gaben.

Anfang der 50er Jahre trat ich meine erste Stelle in einem Pariser Kindergarten an. Kindergärtnerinnen *müssen* singen können. Meine Vorgesetzten waren ob meiner begrenzten Fähigkeiten auf diesem Gebiet sehr besorgt. Es handelte sich um eine jüdische Schule und so wurde ein pensionierter Kantor engagiert, der meine Stimme wenigstens etwas schulen sollte. Nach zwei oder drei Stunden gab er auf. Ich höre ihn noch sagen: „Sie werden eine ausgezeichnete Kindergärtnerin sein. Aber singen werden Sie nie können.“ Also lernte ich stattdessen ein paar einfache Melodien auf der Blockflöte.

Vor einigen Jahren machte ich hier in den Vereinigten Staaten die Bekanntschaft des Dirigenten und Arrangeurs

Matthew Lazar. Wiederholt unterhielten wir uns über mein unzulängliches Singvermögen. Ich schenkte Matthew ein Kissen, bestickt mit den Worten „Die Wälder wären sehr still, wenn nur die Vögel singen würden, die es am besten können". Matthew ist unerschrocken. Er behauptet steif und fest, *jeder* Mensch könne singen. Er gab mir Unterricht und das brachte mehr als beim Kantor. Trotzdem singe ich nur, wenn ich alleine im Auto oder in meiner Wohnung bin.

Höfliche Menschen sagen: „Du singst ungenau", weniger sensible Zeitgenossen sind direkter: „Du singst falsch". Menschen wie ich werden wissenschaftlich als „Problem-„ oder „Nichtsänger" abgehandelt. Wir verfügen über „kein musikalisches Gehör", „brummen", sind „unfähig, die Tonlage zu meistern", „unsicher". Wissenschaftler haben sich unseres Problems angenommen. Sie sind zu der Erkenntnis gelangt, dass unsere Schwierigkeiten in einem der folgenden drei Bereiche angesiedelt sein können: Was hören wir selbst beim Singen und wie steuern wir diese Informationen? Wie behalten wir die Musik, die wir singen wollen, und warum können wir die erinnerte Musik nicht wiedergeben? Bei noch jungen „Sängern" werden unterschiedliche Techniken mit Erfolg eingesetzt. So hält zum Beispiel der Lehrer das Gesicht des Kindes in seinen Händen, während das Kleine ein vorgegebenes Tonmuster wiederholt. Oder die Kinder halten die Hände an die Ohren, um sich selbst zu überprüfen. Auch das Singen einer einzigen Silbe wie „laa" hilft weiter, weil die Kinder nicht von Worten abgelenkt werden. Das Nachsingen verbessert das Tongedächtnis. Die Modulation der Stimme kann durch das

Nachahmen des Windes, von Sirenen oder Tierlauten geübt werden. Nicht zu vernachlässigen sind Übungen für eine richtige Körperhaltung und korrektes Atmen.[1] Leider wurde nichts dergleichen bei mir ausprobiert. Und jetzt ist es wahrscheinlich zu spät. Aber eigentlich stören mich meine Unzulänglichkeiten nicht.

Tatsache ist, dass ich nicht nur miserabel singe, Tatsache ist auch, dass ich keine Musik mag. Nein, so stimmt das nicht. Ich mag keine Musik als „Begleitung" anderer Tätigkeiten. Mein Mann Fred, der 1997 starb, schaltete automatisch das Radio ein, sobald er nach Hause kaum. Ich schaltete es automatisch wieder aus. Fred lebte und atmete Musik. Er liebte russische Volksmusik, eigentlich jede Art russischer Musik. (Dabei war Fred nie in Russland gewesen, er war deutsch-jüdischer Abstammung wie ich und hatte einen Teil seiner Kindheit in Portugal verbracht. Seine Eltern waren 1938 dorthin ausgewandert und blieben in Portugal, auch als Fred 1941 nach Amerika ging.) Fred schätzte auch Protestlieder wie „Joe Hill" und „We shall overcome", religiöse Lieder, Oratorien wie *Carmina burana*, den portugiesischen Fado. Er liebte einfach jede Art von Musik. Was mich bei unserer ersten Begegnung 1961 an ihm so faszinierte war, dass er jüdische Volkslieder auf der Mundharmonika spielte. (Fred spielte auch Gitarre. Als wir anfingen miteinander zu gehen, hatte er seine Gitarre bei einer anderen Frau in der Wohnung gelassen. Ich wollte nicht, dass er sie dort abholte und kaufte ihm eine *neue*. 28 Dollar waren

---

[1] Moira Szabo, „Children's Inaccurate Singing: Selected Contributing Factors", *General Music Today* 4 (Frühjahr 2001), 4-9.

damals ein Vermögen für mich. Doch wie sich später herausstellen sollte, war es die beste Investition meines Lebens.) Eines Tages, wir waren schon lange verheiratet, wollte Fred Klavierunterricht nehmen. Wir trafen eine Abmachung: Ich zahle den Unterricht, unter der Bedingung, dass ich beim Üben nicht zuhören muss.

Ich kann es nicht ausstehen, wenn Musik läuft, während ich lese, schreibe, in Ruhe dasitze oder mich unterhalte. Ich weiß, es gibt eine lange Tradition der *Tafelmusik*, doch nicht für mich. Wenn man auch nur mit halbem Ohr Musik hört, kann man sich nicht mehr voll auf die Person konzentrieren, die neben einem sitzt. Wenn mich ein Mensch interessiert, ich ihn kennen lernen will, Gedanken und Ideen austauschen möchte, empfinde ich Musik äußerst störend. Ich lasse mich für mein Leben gern massieren, aber ohne diese grässliche New-Age-Massagemusik im Hintergrund. Ich bestehe darauf, dass der Masseur sie ausschaltet (es sei denn, er kann ohne sie nicht vernünftig arbeiten). Und wenn Sie es unbedingt wissen wollen, ich mag auch beim Sex keine Musik. Wenn man in solchen Momenten Musik braucht, na dann …

Und trotzdem.

Seit einiger Zeit fühle ich mich zur Musik hingezogen wie nie zuvor. Das hat wohl etwas mit Freds Tod zu tun. Nach seinem ersten Schlaganfall 1996 besuchte ihn der Kantor unserer Synagoge, Michael Kruk, auf der Intensivstation. Michael stammt aus Russland und hatte im Chor der Roten Armee gesungen. Später ging er nach

Israel und von dort in die Staaten. Er ist ausgebildeter Opernsänger. Wenn Michael singt, vernimmt man die unterschiedlichen musikalischen Traditionen seiner Lebensstationen. Singt er das „Schma Israel", das wichtigste Gebet der Juden („Höre o Israel, den Gott unseren Herrn, den einzigen Gott"), meine ich immer, der Himmel öffne sich, um seine Stimme zu hören. Und während der Zeremonie am Freitagabend singt Michael – immer wunderschön – viele Melodien, die ich aus meiner Kindheit in Frankfurt kenne. An Freds Krankenbett sang Michael „Katjuscha". Das russische Volkslied erzählt von einer Frau, die ihrem Geliebten verspricht, auf ihn zu warten, bis er aus dem Krieg zurückkehrt. Michael sang das Lied ganz langsam, damit Fred genau verstehen konnte, was er sang. Das hat funktioniert. Fred erzählte später, dass er sich an dieses Lied erinnerte. Ein Jahr später erlitt Fred einen weiteren Schlaganfall und wurde nicht mehr gesund. Bei seiner Gedenkfeier bat ich Michael, wieder „Katjuscha" zu singen. Er sagte, er könne das nicht. Aber ich ließ nicht locker und schließlich willigte er ein. Er sang wieder leise und langsam, wie damals im Krankenhaus. Die sechshundert Anwesenden werden diesen Moment sicher nicht vergessen. Als ich Michaels Gesang lauschte, wusste ich plötzlich, dass Musik heilen und trösten kann. Mein Schmerz war unvermindert, aber einen Moment lang konnte ich ihn vergessen. Musik vermag uns aus der schwierigen Gegenwart in eine vergangene glückliche Zeit zu versetzen.

Musik kann aber auch problematisch sein. Der Refrain aus Haydns Streichquartett in C-Dur, 1797 komponiert, begleitet mich mein Leben lang. Besser ist die

Melodie unter dem Namen „Das Lied der Deutschen" bekannt und noch besser vom Text her: „Deutschland, Deutschland über alles". Seit 1922 ist es die Nationalhymne der Deutschen. Sechs Jahre später wurde ich in Frankfurt am Main geboren. Ich begleitete meine Großmutter öfter in den Palmengarten. Hier, im botanischen Garten im Frankfurter Westend, traf sie sich mit ihrer Schwester und Freundinnen, die wiederum ihre Enkelkinder mitbrachten. Wie es in europäischen Parks üblich ist, gab es auch hier eine Musikmuschel. Das Orchester spielte Walzer, Umtatamusik und Stücke für Streicher. Ich bin sicher, ich habe „Das Lied der Deutschen" hier zum ersten Mal gehört. Heute beschwört es Bilder, die ich eher aus Filmen oder Fotos kenne: Nazis, die durch die Straßen marschieren. Ist das ein Grund, die Melodie aus meinem Gedächtnis zu verbannen? Mit jedem Stundenschlag erklingt sie aus einer Uhr, die an meiner Wand hängt, und manchmal ertappe ich mich, dass ich die Weise vor mich hinsumme. Ich halte innen, zwinge mich aber im nächsten Moment sofort, weiter zu summen. Was wusste Haydn von den Nazis? Warum sollten mir die Nazis Haydn und die Erinnerungen an meine Großmutter wegnehmen?

Ich habe alles verloren, was mir in meiner Kindheit lieb und teuer war. Um nicht in ein tiefes Loch zu fallen, um den Boden unter den Füßen nicht zu verlieren, muss ich die Erinnerungen an all das am Leben erhalten. Die Geschichten, die mir vorgelesen wurden, die Lieder, die mir gesungen wurden, nehmen den Platz meiner Familiengeschichte ein, die man mir später erzählt hätte. Mein Familienleben war plötzlich zu Ende. Ich war gerade zehn

Jahre alt. Die Melodien und die Texte sind das Band, das mich für immer mit der Vergangenheit verbindet.

Joseph Malovany ist ein anderer New Yorker Kantor, den ich kenne und bewundere. Joseph wurde in Israel geboren. Seine Stimme und sein Auftreten sind umwerfend. Wenn er in der Synagoge oder zu anderen Anlässen singt, wie gestern Abend im Lincoln Center während einer Benefizveranstaltung zugunsten eines Jerusalemer Krankenhauses, bin ich unweigerlich zu Tränen gerührt. Es sind gleichzeitig Tränen der Freude und der Trauer. Für einen Augenblick lässt Joseph meine verlorene Welt wieder auferstehen. Ich merke, wie wichtig die Tradition ist, welchen Halt sie mir gibt. Stimmt Joseph dann die modernen, beschwingten israelischen Stücke an, packt mich wieder die Liebe zu diesem Land: „Wenn ich dein vergesse, Jerusalem", „Ohne Krieg sollt ihr leben" oder „Er, der uns diese Zeit erreichen ließ".

Mit Freds Tod ist die Musik immer mehr zu einem Teil meines Lebens geworden. Nicht nur, weil ich häufig ins Theater oder ins Konzert gehe. Wenn ich alleine bin, und das bin ich in letzter Zeit sehr oft, singe ich. Manchmal laut, dann wieder nur in meinem Kopf. Häufig versetzen mich die Lieder in glückliche Zeiten der Vergangenheit. Manchmal helfen sie mir, das Schlimmste zu konfrontieren, das mir widerfahren ist. Ich bin eine Jecke, eine deutsche Jüdin, und Sie können mir glauben, wenn ich sage, dass wir dazu neigen, unsere Gefühle im Zaum zu halten. Ein Jecke weint nicht. Meine Besuche der Vergangenheit sind abgesichert, weil ich sie kontrollieren kann. Ich kann eine Melodie in meinem Kopf wieder abstellen, ich kann sie durch eine andere ersetzen oder ich kann den Text abändern, um ihn erträglicher zu machen.

Auf der Skipiste singe ich immer ein inneres Lied. Eher aus Selbstschutz und weniger aus Kunstgenuss. Wenn ich beim Skifahren an den Aufsatz denke, den ich schreiben muss, oder an das, was in der Welt vorgeht, habe ich Angst zu stürzen. Wenn ich aber singe, bleibe ich im Rhythmus der Schwünge. Auf der Piste singe ich immer dasselbe hebräische Lied des russisch-jüdischen Dichters Saul Tschernichowski: „Lache, lache über die Träume, die ich, der Träumer, erzähle". Mir war überhaupt nicht bewusst, dass ich singe, bis eines Tages meine Tochter Miriam beim gemeinsamen Skifahren wissen wollte, was ich denn da sang.

Dieses Lied lernte ich vor fünfzig Jahren. Das ist wichtig. Die Lieder, die meine Seelenlandschaft bevölkern, sind alte Lieder, kein Rock 'n' Roll, keine Stücke der klassischen Moderne, keine Showmusik, die ich erst 1956 mit meiner Übersiedlung in die Staaten kennen lernte. Nein, es sind Lieder aus meiner Jugend in Frankfurt am Main, aus der Schweiz, Palästina, später Israel, und teilweise Frankreich. Ich singe zionistische Lieder wie das folgende, das ich in der Schweiz lernte:

Jeder Mensch auf der Welt
Hat sein eignes Land ...
Nur ein Volk auf dieser Welt
Hat kein Heimatland.
Jeden Tag steht vor ihm
Die ewige jüdische Frage
„Wohin, Jude,
Wer auf dieser Welt will dich haben?"

Wenn ich traurig bin, weil ich alleine bin, singe ich „Das verlassene Mägdlein", ein deutsches Lied, das mich fast mein ganzes Leben lang begleitet:

Früh, wann die Hähne kräh'n,
Eh' die Sternlein verschwinden,
Muss ich am Herde steh'n,
Muss Feuer zünden.
...
So kommt der Tag heran –
O, ging er wieder.

Ehrlich gesagt, diese Lieder habe ich immer gesummt oder gesungen, *sotto voce* natürlich, wenn jemand in der Nähe ist.

Musik ist mein Leitmotiv, der rote Faden durch mein Leben. Sie ist zu meinem ständigen Begleiter geworden, ohne dass ich viel darüber nachgedacht hätte. Wie ein stiller Freund und Partner steht sie mir in meinen Gefühlen bei und gibt mir ein Zuhause. Sie hilft mir die Verbindung zur Vergangenheit aufrecht zu erhalten, die andernfalls durch Katastrophen oder die Zeitläufe verloren gegangen wäre. Ich werde oft gefragt, und ebenso häufig wundere mich selber darüber, wie ich soviel Joie de vivre aufbringen kann, soviel Lebensfreude, bei all den Verlusten und Entwurzelungen, die ich schon früh erleben musste. Meine Antwort darauf ist immer: Das verdanke ich allein der Wärme und Sicherheit meiner frühkindlichen Sozialisation. Das stimmt so auch. Mittlerweile ist mir aber aufgefallen, dass es noch eine weitere Komponente gibt: die Musik.

I.

Lieber Vogel, fliege weiter

Ich bin 1928 in Frankfurt am Main geboren. Meine Kindheit, auch wenn ich nur wenig davon hatte, war ausgesprochen glücklich. Mein Vater verdiente sein Geld als Kurzwarenhändler. Wir waren keinesfalls reich, aber es ging uns gut.

Wir, das waren meine Eltern, meine Großmutter und ich, das einzige Kind. Wir lebten in einer Vierzimmerwohnung im Erdgeschoss eines Hauses in der Brahmsstraße. (Alle Straßen unseres Viertels trugen Namen von Komponisten, ein deutlicher Beweis, dass Frankfurt und die Deutschen ihre Musik und deren Schöpfer zu würdigen wussten). Ich ging gerne zur Schule, war eine gute Schülerin, so dass ich schon zu Beginn der fünften Klasse in die Sexta, also ins Gymnasium versetzt wurde. Ich erinnere mich gerne an ein Spiel, mit dem wir uns in den Pausen erheiterten. Die Mädchen hielten einander an der Hand und gingen im Kreis um ein anderes Mädchen herum, das in der Mitte des Zirkels stand und die Geschichte der kleinen Prinzessin vorspielte. Anfangs war sie traurig und weinte, doch dann kam der Märchenprinz. Wir anderen sangen dazu. Liebe, Romantik und das Gefühl von Gemeinsamkeit gehörten schon in jungen Jahren zu meinem Leben.

Ich erinnere mich auch an ein anderes Singspiel, das ich und die Nachbarkinder aus der Brahmsstraße, Juden wie Nichtjuden, gerne mochten. Wir bildeten einen Kreis und wer „es“ war, musste „Brüderlein, komm, tanz mit mir“ singen, einen Jungen auswählen und ihn an der Hand nehmen. Diesen Teil des Spiels mochte ich ganz besonders!

Dieses und viele andere einfache deutsche Lieder kann ich heute noch singen. Ich glaube, das erste Lied, das ich als Kind lernte, war „Backe, backe Kuchen“. Ein Kinderlied, bei dem man im Takt klatscht. „Zeigt hier eure Füßchen“ war auch ein Kreisspiel. Mit Gesang und Bewegung stellten wir die Geschichte nach. Ich weiß nicht, warum die Kinder heutzutage solche Lieder nicht mehr lernen. Sie eignen sich doch hervorragend dazu, Koordination der Bewegungen und Konzentration zu lernen, etwas im Gleichklang auszuführen, aufmerksam und diszipliniert die Bedeutung der Wörter darzustellen.

Meine liebe Freundin Ilse Wyler, die während des Zweiten Weltkriegs ebenfalls im Schweizer Kinderheim lebte – mehr darüber später – und heute in der Nähe von Zürich wohnt, schickte mir neulich ein altes deutsches Kinderliederbuch. Beim Durchblättern stellte ich fest, dass diese Lieder sofort wieder präsent waren, so als hätte ich sie erst gestern gesungen: „Hopp, hopp, hopp“, „Es klappert die Mühle am rauschenden Bach“, „Der Kuckuck und der Esel“. („Der Kuckuck und der Esel, die hatten einen Streit, wer wohl am besten sänge, zur schönen Maienzeit“) „Fuchs, du hast die Gans gestohlen“ („Fuchs, du hast die Gans gestohlen, gib sie wieder her. Sonst kommt dich der Jäger holen mit dem Schießgewehr“), „Ein Männlein steht im Walde“. All diese alten Volkslieder, die meist aus dem frühen 19. Jahrhundert stammen, sind mir plötzlich wieder ganz nah. Da sitze ich, zu Beginn des 21. Jahrhunderts, auf einem anderen Kontinent, summe diese Lieder vor mich hin, die mich sechzig Jahre zurück in die Straßen von Frankfurt tragen. Zeigt das nicht, dass Musik und Gesang Zeit, Raum und Geschichte überwinden können?

Ich erinnere mich sogar an einige deutsche Wiegenlieder, so an „Guten Abend, gute Nacht" von Johannes Brahms, das mir meine Eltern und meine Großmutter vorgesungen haben müssen, als ich noch ein Baby war. Genauso habe ich „Weißt du, wie viel Sternlein stehen", „Schlaf, Kindlein, schlaf", „Die Blümelein, sie schlafen" („Die Blümelein, sie schlafen schon längst im Mondenschein ... es rüttelt sich der Blütenbaum, er säuselt wie im Traum, schlafe, schlafe, schlaf du, mein Kindelein") im Kopf. Dieses Lied von Heinrich Isaak, gegen 1490 entstanden, sang ich später meinen eigenen Kindern vor. Gut möglich, dass ich die Melodie etwas verstümmelte, das süße Gefühl jedoch, das mich bei diesem Lied überkam, blieb unverändert.

Der Psychoanalytiker Theodor Reik schrieb ein ganzes Buch darüber, *The Haunting Melody,* dass ein Musikstück, manchmal nur eine Zeile daraus, uns über Jahrzehnte verfolgen kann. Es kommt uns in den Sinn, wenn wir es am wenigsten erwarten, schleicht sich leise ein oder entfacht Gefühlsstürme. „Nichts, was unseren Intellekt kreuzt, wie z.B. die Zeilen eines Gedichts oder die Erinnerung an ein Kunstwerk, an einen Duft oder an einen Geruch kann uns mit ähnlicher Intensität verfolgen."[2] Reik verweist auf Prousts *Auf der Suche nach der verlorenen Zeit.* Swann wird von einer kleinen Phrase, „la petite phrase", einer Sonate für Klavier und Violine verfolgt. Immer, wenn er diese Phrase hört, sieht er das Bild seiner Geliebten Odette vor sich. Die Wirkung ist ähnlich wie bei den Madeleines, dem berühmtesten Gebäck der Weltliteratur aus dem gleichen Roman. Das gefällt mir, aber auf mich wirken die Lieder meiner Kindheit etwas profaner, eher wie Bilder aus einem Fotoalbum und weniger wie Gebäck. Ist ein Musikstück wichtig für mich, dann bleiben damit nicht nur die Erinnerungen an Menschen oder Orte erhalten, sondern auch an die damals damit verbundenen Gefühle, auch die von Hoffnungslosigkeit und Verzweiflung.

„Hänschen klein" und „Kommt ein Vogel geflogen", zwei Lieder aus meiner frühen Kindheit, sollten eine Bedeutung erhalten, die ich damals nicht vorausahnen konnte. Beide erzählen von Kindern, die von ihren Eltern getrennt wurden. Wahrscheinlich spricht mich bei diesen Liedern eher der Inhalt und nicht so sehr die muntere Melodie an. „Hänschen klein" ist ein Volkslied, den Text lieferte Franz Wiedemann im 19. Jahrhundert:

> Hänschen klein, ging allein,
> in die weite Welt hinein.
> Stock und Hut, steht ihm gut,
> Ist gar wohlgemut.
> Aber Mutter weinet sehr,
> Hat ja nun kein Hänschen mehr!

---

[2] Theodor Reik, *The Haunting Melody: Psychoanalytic Experiences in Life and Music* (New York, 1953), 27.

Da besinnt sich das Kind,
Läuft nach Haus geschwind
Liebe Mama, ich bin da,
Hänschen aus Amerika
Glaube mir, ich bleib' hier
Laufe nie mehr fort von dir.

(Mich hat immer fasziniert, dass Freud einer seiner bedeutendsten Fallstudien aus dem Jahr 1909 den Titel „Kleiner Hans" gab. Es entzieht sich meiner Kenntnis, ob Freud dabei an das Volkslied dachte. Mir gefällt die Vorstellung, dass es so war.)

„Kommt ein Vogel geflogen" spielt in meinem Leben eine noch wichtigere Rolle. 1822 entstanden, schrieb Adolf Bäuerle die Worte, die Melodie stammt von Wenzel Müller:

Kommt ein Vogel geflogen,
setzt sich nieder auf mein' Fuß,
Hat ein Zettel im Schnabel,
von der Mutter ein' Gruß.
Lieber Vogel, fliege weiter,
nimm ein' Gruß mit, einen Kuss,
Denn ich kann dich nicht begleiten,
Weil ich hier bleiben muss.

Kurz darauf würde mich der Krieg von meinen Eltern trennen. Ich kam in ein Kinderheim in der Schweiz. Ich wusste nicht, ob ich meine Eltern jemals wieder sehen würde. (Ich sah sie nie wieder.) Man könnte meinen, diese beiden Kinderlieder wären mit ihrer sentimentalen Botschaft von Familienglück und Einsamkeit kaum zu ertragen gewesen. Aber ich sang sie immer wieder und schöpfte sogar Trost aus ihnen. Musik spricht unsere Gefühle an, die glücklichen ebenso wie die traurigen oder die, die man nicht beschreiben kann. Es mag ja ein schräger Vergleich sein, aber manchmal glaube ich, diese einfachen deutschen Lieder waren für mich so wichtig wie der Blues für die Schwarzen: Dank ihrer konnte ich mich meinem Unglück und meiner Einsamkeit stellen und diese wenigstens für einige Augenblicke überwinden.

Als ich noch ein kleines Mädchen war, zuhause in Frankfurt, hatten wir weder Klavier noch Plattenspieler. Ich erinnere mich an ein Röhrenradio, damals eine technische Neuerung. Ich entsinne mich jedoch nicht, dass aus diesem Radio jemals Musik erklang. Es muss Vaters Mutter, meine Großmutter Selma, gewesen sein, die mir all diese Lieder vorsang. Großmutter war eher üppig, nicht so dünn wie meine beiden Eltern; (dünn war nur ihr weißes Haar, das sie in einem Knoten zusammengesteckt oben auf dem Kopf trug.) Großmutter war auch sehr gesprächig, nicht schweigsam wie meine Eltern. Und ich habe schon immer Menschen zum Reden gebraucht. Meine Großmutter war ein sehr wichtiger Mensch in meiner Kindheit.

Weder sang sie jiddische Lieder, für manche der Inbegriff der jüdischen Nostalgie, noch gehörte die seit einigen Jahren so beliebte Klezmermusik zum musikalischen Repertoire meiner Kindheit. Diese Musik stammt aus Osteuropa. Wir aber waren keine osteuropäischen Juden, wir waren Jeckes, deutsche Juden. Wir waren ganz anders. Erst viele Jahre später, als ich nach Palästina auswanderte, lernte ich diese manchmal so überaus fröhliche und dann wieder so melancholische Musik kennen und lieben.

Ich erinnere mich nicht an Schlager, die damals in Frankfurt Mode waren. Hört man sie heute, fällt einem ihre Ähnlichkeit mit den amerikanischen Songs der 30er Jahre auf. Ich erinnere mich auch an keinen Interpreten, wahrscheinlich war ich zu jung, um mich dafür zu interessieren, oder aber meine Eltern und meine Großmutter versuchten, mich von allem fernzuhalten, was draußen in Deutschland vor sich ging, draußen, außerhalb des nährenden und schützenden Kokons meines Zuhause.

Jene ersten zehneinhalb Jahre in Frankfurt verbrachte ich in der stark jüdisch geprägten Umgebung meines Zuhause, meiner Schule und der sommerlichen Ferienlager. Die einzige christliche Person, die ich bewusst wahrnahm, war die einarmige Frau Luft, die jeden Schabbat zu uns kam, um den Ofen anzuzünden. Merkwürdig, dass ich mich mit Freude christlicher Lieder entsinne. Woher kenne ich sie eigentlich? Ich weiß es nicht. Ich erinnere mich gut an „O, du fröhliche", „Ihr Kinderlein kommet" und selbstverständlich an „Stille Nacht, Heilige Nacht", 1818 von Franz Gruber und Joseph Mohr geschrieben. Die Beschreibung des „holden Knaben" Jesus beeindruckte mich weniger, wohl aber die Vorstellung, dass alle tief und fest in stillem Frieden schlafen. Mein Favorit unter den Weihnachtsliedern ist „O

Tannenbaum", das mir auch hierzulande wieder begegnet ist, als ich in den 50er Jahren übersiedelte. Natürlich hatten wir Zuhause keinen Christbaum. Der Text von „O Tannenbaum" wurde 1820 von Joachim Zarnack und Ernst Anschütz geschrieben zu einer überlieferten Melodie. Er preist die Treue der Tannennadeln über alle Jahreszeiten hinweg. Das gefiel mir. Die Worte sind eine Lektion in Sachen Hoffnung und Standhaftigkeit. Trotzdem ist es schon ein bisschen seltsam, dass ich ausgerechnet auf ein Weihnachtslied zurückgriff, um in den schwierigen Jahren meiner Jugend und auch als junge Erwachsene Kraft daraus zu schöpfen.

Was gibt es sonst noch an musikalischen Erinnerungen aus meiner Kindheit?

Wenn ich an meine Spaziergänge mit Großmutter im Palmengarten denke, höre ich eine Musikkapelle spielen. An die Musik erinnere ich mich nicht, wohl aber daran, dass ich mich dort sehr wohl fühlte und es genoss, ein bisschen aufgekratzt zu sein. Ich sehe ein weiteres Bild vor mir. Ich bin alleine, irgendwo mitten in Frankfurt. Um mich herum tanzen hoch gewachsene, majestätische abessinische Jünglinge. Es sind natürlich weder meine Mitschüler noch führen sie die von uns so geliebten Kreistänze auf. Ich stehe in der Mitte des Zirkels und weiß nicht, was ich tun soll. Was wird von mir erwartet? Diese Szene kann sich so kaum zugetragen haben, schon aus dem einfachen Grund, weil ich nie alleine in der Stadt war. War es ein Traum? Auch unwahrscheinlich, denn dazu sind die Bilder und Empfindungen viel zu lebendig.

Genau erinnere ich mich an Musikanten und Hausierer, die von Zeit zu Zeit in den Innenhof unseres Hauses kamen. Meine Großmutter gab mir ein paar Münzen, die ich in Papier wickelte. Fröhlich lief ich zum Fenster und warf sie den Musikanten hinunter. Eines ihrer Lieder hat sich ganz besonders festgesetzt in meinem Gedächtnis:

Die Tiroler sind lustig,
Die Tiroler sind froh.
Sie haben kein Essen,
Sie schlafen auf Stroh.[3]

Seltsam, dachte ich damals, dass Menschen auf Stroh statt in einem richtigen Bett schliefen. Und dabei waren sie auch noch fröhlich, ganz ohne Großmutter, Vater und Mutter, die dafür sorgen, dass sie nicht hungern und frieren. Wie konnte ich ahnen, dass ich sehr bald wie die Tiroler sein werde?

Wir waren orthodoxe Juden. Während unserer regelmäßigen Synagogenbesuche wurde ich mit geistlicher Musik vertraut. Jeden Freitagabend nahm mich mein Vater mit in die Schul. Wir gingen nicht in die große Synagoge am Börreplatz, zu der wir eigentlich gehörten, sondern in die kleinere in der Gagernstraße, die zu einem Alten- und Pflegeheim gehörte. Mein Vater wollte sicherstellen, dass ein Minjan zustande kam, also eine Gruppe von mindestens zehn Männern, die Bar Mizwa

---

[3] Beim Schreiben dieses Buches stellte ich fest, dass mich meine Erinnerung in diesem Fall fast ein Leben lang getrogen hat: Ich sang immer „Sie haben kein Essen“. Das ist falsch. Es heißt: „Sie versaufen das Bettzeug“: Solch unverantwortliches Verhalten war wohl außerhalb meiner Vorstellungskraft.

schon hinter sich hatten. Nur so kann überhaupt ein Gottesdienst abgehalten werden. Am Schabbat dürfen Juden kein Geld bei sich tragen, doch mein Vater hatte immer so viel Kleingeld in der Tasche, dass es für eine Waffel Eis auf dem Weg zur Synagoge vor Sonnenuntergang reichte. Es war durchaus ungewöhnlich, dass mein Vater mich mitnahm. Traditionsgemäß gingen nur Männer in die Synagoge, während die Frauen zu Hause das Abendessen vorbereiten. Da es aber keinen Sohn in unserer Familie gab, wurde ich mitgenommen. Auch beim Morgengebet am Samstag durfte ich bei den Männern sitzen statt oben in der Frauengalerie – ich war ja noch ein Kind. Vielleicht hat es nur mit dem Gefühl von Nähe zu tun, dass die Melodien der Gebete noch in meinem Kopf klingen.

Ich erinnere mich an das Lied, mit dem der Schabbat begrüßt wird: „Lecha Dodi“: „Auf, auf, mein Freund, lasst uns der Braut entgegen gehen, lasst uns den Schabbat empfangen“. Am Ende des Liedes drehen sich alle zur Tür um, als würde die „Braut“ tatsächlich eintreten. Diese Stelle fand ich immer besonders aufregend. Natürlich erinnere ich mich auch an das „Schma Israel“, eine der schönsten und heiligsten Liturgien, und an das Kaddisch, das Totengebet, das eher ein Singsang ist und weniger ein melodisches Lied. Für den Samstagmorgen gab es ebenfalls besondere Musik. Wenn die Tora aus dem Schrein gehoben wird, stimmt die Gemeinde das Lied „Sot Hatora Ascher“ an. Diese fröhliche und zugleich majestätische Melodie ist tief in meiner Seele verwurzelt. Höre ich sie, dann weiß ich, dass ich aus Frankfurt stamme, aus einer Familie mit orthodoxer Tradition.

In der Synagoge wurde gebetet, wirklich gesungen aber wurde am Freitagabend zuhause während des Schabbatmahls. Wenn wir um den Tisch versammelt waren, mein Vater, meine Mutter, meine Großmutter und ich, sangen wir „Schalom Alechem" – „Seid mir gegrüßet, Engel des Dienstes, des Höchsten aller Herrschenden. Gesandte Gottes, der überall regiert und dessen Heiligkeit man lobt." Dies war der Augenblick, die Sorgen der vergangenen Woche, die Arbeit für das tägliche Brot, die Gedanken an die Zukunft beiseite zu legen. Anschließend kam mein Liebling, das Lied, das der Mann seiner Frau singt. Dabei müssen alle aufstehen: „Eschet Chail" („Die tugendhafte Frau"): „Wer findet schon eine tugendhafte Frau,/ Viele gute Frauen gibt es da draußen, / Die gute Taten vollbringen, / Du aber bist die beste von allen." In meinen Vorlesungen weise ich immer wieder darauf hin, was ich schon lange bei diesem Lied empfinde: Keine Liebeserklärung kann sexuell erregender sein als diese Worte eines Mannes an eine Frau. Übrigens trage ich um den Hals einen Anhänger mit diesen Worten.

Vor dem „Eschet Chail" zünden die Frauen Kerzen. Danach kommt „Jewarecha Haschem wejischmerecha" („Es segne dich der Ewige und behüte dich"). Die Kinder, in unserer Familie gab es nur eines, erhalten den Segen ihres Vaters und ihrer Mutter. Eines meiner Lieblingslieder stammt von dem berühmten Kantor und Komponisten Louis Lewandowski: „Weschomru B'nai Israel" („Die Kinder Israel sollen den Schabbat hüten und Schabbat feiern in ihren Geschlechter als ewig gültigen Bund! Zwischen mir und zwischen den Kindern

Israels sei er ein immerwährendes Zeichen, denn in sechs Tagen hat der Ewige Himmel und Erde erschaffen, am siebten Tage aber ruhte Er und atmete auf.") Nach dem Essen sangen wir „Schir Hamalot", einen Lobgesang, und dann das „Benschen". In diesem Segen müssen alle einstimmen, damit sie nicht einschlafen.

Wen wundert es, dass in fast jeder Religion Musik eine große Rolle spielt. Musik kann Freude, Einkehr, ja sogar Transzendenz hervorrufen.

Vermutlich aufgrund ihrer Geschichte der Vertreibung und der vielen Katastrophen haben die Juden einen ambivalenten Bezug zur Musik. Im Alten Testament finden sich zahlreiche Hinweise auf die Kraft der Musik. So ist in Exodus, dem zweiten Buch Moses, Kapitel 15 Vers 20, nachzulesen, dass Moses Schwester Miriam die Frauen Israels zu einer Stelle außerhalb des Wüstenlagers führte, wo sie mit Tanz und Gesang die Durchquerung des Roten Meeres feierten. Und der Herr sagt zu Moses auf dem Berg Sinai, bevor er ihm die Zehn Gebote gibt: „ Wenn das Horn anhaltend tönt, dürfen sie [das Volk Israel] den Berg besteigen". Die Posaune ist das Schofar, das Widderhorn, das wir noch heute zu Rosch ha-Schana hören. Später verkündet der Herr Moses, dass sein Bruder Aaron ein Priester sein wird. Aarons Kleider sollen selber ein Instrument sein: „Und mache an seinen Saum Granatäpfel von Purpurblau und Purpurrot und Karmesinrot an seinem Saume ringsum, und goldene Schellen zwischen ihnen ringsum. Eine goldne Schelle und ein Granatapfel, (wieder) eine goldene Schelle und ein Granatapfel an dem Saume des Oberkleides ringsum. Und Aaron habe es an beim Dienste, dass dessen Klang gehört werde, wenn er in das Heiligtum geht vor den Ewigen, und wenn er herauskommt, auf dass er nicht sterbe."

Der Prophet Samuel, der den König Saul salbt, weissagt dem Herrscher die ekstatische Wirkung der Musik: „Und es wird geschehen wie du dort in die Stadt kommst, so wirst du begegnen einem Zuge Propheten, die herabkommen von der Höhe, und vor ihnen her Psalter und Pauke und Pfeife und Zither … und hereinbrechen wird über dich der Geist des Ewigen, dass du mit ihnen weissagest und du wirst verwandelt werden in einen anderen Mann." Das Buch Samuel berichtet auch, wie der Gesang des jungen David zur Harfe den „bösen Geist", sprich die Depressionen Sauls vertrieb: „Und es geschah, wenn der Geist Gottes über Saul war, da nahm David die Harfe und spielte mit seiner Hand, und es ward dem Saul leichter, und ihm war wohl und es wich der böse Geist von ihm." (Saul und David sollten später ihre eigenen Probleme miteinander bekommen. Aber das steht auf einem anderen Blatt.)

Wie im alten Israel die Musik geklungen haben mag, wissen wir natürlich nicht. Wir wissen aber, dass sie für das religiöse Leben außerordentlich wichtig war. Als David die Bundeslade nach Jerusalem brachte, spielten er „und das ganze Haus Israel … auf allerlei Zypressenhölzern, und auf Zithern und Psaltern und Pauken, und mit Schellen und Zymbeln." Musik spielte auch eine wichtige Rolle während der Zeremonien, etwa beim Brandopfer: „Und sobald das Opfer anfing, fing der Gesang des Ewigen an, und die Trompeten und die Saitenspiele Davids, des Königs von Israel. Und die ganze Versammlung betete an, der Gesang erklang und die Trompeten schmetterten. Alles, bis das Opfer fertig war". Die Sänger und Musikanten waren vom Stamm Levi, die die sakralen Instrumente und die Gabe, sie zu spielen geerbt haben.

David, ein ausgewiesenes musikalisches Genie, ist der Urheber der Psalmen. Wie die Musik zu diesen Psalmen klang, wissen wir nicht. Aber dank der Beschreibungen aus dem Buch der Psalmen und mit Hilfe weiterer Informationen können wir sie uns vorstellen. Judith Kaplan Eisensteins Buch *Heritage of Music* lehrt uns, dass „manche Psalmen Überschriften trugen, die angaben, nach welchen bekannten Melodien der damaligen Zeit sie zu singen waren: ‚An die Lilien des Scharon', ‚An den Morgenstern' und ähnliches. Andere Titel verraten uns die Begleitinstrumente: ‚Zu dem Instrument der zehn Saiten".[4]

Davids Sohn, der König Salomo, soll angeblich „Schir ha Schirim", Das Lied der Lieder oder auch Hohelied, geschrieben haben. Meiner Meinung nach das schönste Liebeslied, das je ersonnen wurde. Es ist ein biblisches Lied und so wurde es häufig als Ausdruck der Liebe zwischen Gott und seinem Volke Israel interpretiert. Es steht mir nicht an, diese Interpretation in Frage zu stellen. Es dürfte aber auch niemanden überraschen, dass ich, geprägt durch meinen Beruf, persönlich eine völlig

[4] Judith Kaplan Eisenstein, *Heritage of Music: The Music of the Jewish People* (New York, 1972), 12.

andere Ansicht vertrete. Wenn man dazu bedenkt, wie häufig dieses Lied bei Hochzeiten gespielt wird, dann bin ich wohl mit meiner Meinung nicht alleine. Hören Sie, wie es klingt, wenn Salomo von Musik, Sex und Liebe erzählt:

Denn siehe, der Winter ist vorbei,
Die Regenzeit ist vorüber, ist vergangen.
Die Blumen zeigen sich im Lande,
Die Zeit des Singens ist gekommen,
Und die Stimme der Turteltaube lässt sich hören
In unserem Land.

Was gäbe ich nicht darum, dazu die ursprüngliche Melodie zu hören.

Die Liturgie des Ersten Tempels bestand zumeist aus Psalmen, die David und seinen Musikanten zugeschrieben werden. Musik und Zusammenstellung sind verloren gegangen. Sicher war es wunderbar, der Musik zu lauschen in jenem Tempel, bevor er 586 v.Z. durch die Babylonier zerstört wurde. Ein bisschen mehr wissen wir über die Musik des Zweiten Tempels. Das verdanken wir der Mischna, einer Sammlung von Lehrsätzen aus dem 2. Jahrhundert n.Z.. Ein Chor aus mindestens zwölf Leviten wird erwähnt und auch ein umfangreiches Orchester. Der Priester spielte mindestens zwei Posaunen und kündigte den Beginn des Gottesdienstes mit einem Instrument namens Magrefa an.

Alles wurde anders in der Zeit nach dem Jahre 70 n.Z., als Titus mit seiner römischen Armee den Zweiten Tempel zerstörte. Ab diesem Zeitpunkt spielte die Musik im religiösen Leben der Juden kaum noch eine Rolle. Die Instrumente wurden aus den Synagogen verbannt. Mit Ausnahme des Schofar zu Rosch ha-Schana, dem Neujahrsfest. Liturgische Musik war nun vokal (Instrumentalmusik wurde erst vor kurzem wieder belebt, im Zuge des Rekonstruktionismus und der Reformbewegung). Auch weltliche Musik wurde mit Verboten versehen. Ein Grund, die Musik verstummen zu lassen, war die Trauer des jüdischen Volkes um den zerstörten Tempel. Fröhliche Gesänge erschienen nun unziemlich. Auch mag eine Rolle gespielt haben, dass Musik Teil des Gottesdienstes der Nichtjuden war, die man nicht nachahmen wollte.

Doch noch etwas anderes spielte hier mit. Ich würde es als eine Art Puritanismus beschreiben, der in den jüdischen Texten schon vor der Zerstörung des Tempels erkennbar war und danach immer ausgeprägter wurde. Das Alte Testament lehrt uns viel über die Bedeutung der Musik im profanen Leben. Musik wird bei Abschiedszeremonien erwähnt, beim Graben nach einer Quelle, bei einer Siegesfeier oder bei der Traubenernte, kurz, bei allem, was gut und nützlich war. Doch gleichzeitig wurde Musik mitunter auch mit der Korruption der Reichen verbunden und Jesaja bringt sie ausdrücklich mit der Hurerei in Zusammenhang: „Nimm die Harfe, durchlaufe die Stadt, vergessene Buhlerin. Spiele schön, singe viel, auf dass man sich dein erinnere."

Bereits in rabbinischen Schriften finden sich Hinweise, dass Musik zu Verderbtheit führt. In einer talmudischen Quelle wird schon die weibliche Stimme an sich als unzüchtig beschrieben. In einer anderen Schrift wird diese Ansicht sogar mit einem eigenen Kapitel und Versen unterstützt: „Wie wurde Salomo, der weiseste der Männer, von seinen Frauen zur Anbetung falscher Götzen verführt? Durch die Musik. Salomos Lieblingsfrau, die Tochter des Pharao, brachte tausend Musikinstrumente mit und befahl, sie für Salomo zu spielen. ‚So spielen wir für Osiris und so für Ophais', sagte sie und Salomo war verzaubert und seine Sinne betört." Im Tempel waren Männer und Frauen getrennt voneinander. Die Frauen durften nicht singen, ausgenommen, sie befanden sich in einem zusätzlichen „Frauenhof". Aus unserer modernen Sicht erscheint dies falsch und ungerecht. Und doch kann man das nicht nur auf uralte Überzeugungen zurückführen. Diese Einstellung zieht sich über Jahrhunderte hin, bis in meine Kindheit und die orthodoxen Synagogen der Gegenwart.

Doch möchte ich die Dinge nicht zu sehr vereinfachen. Nach den Zeiten der Diaspora entstand eine jüdische Tradition, in der die Musik eine wichtige und positive Rolle spielt. Ich denke an das Mystische und Messianische der Kabbala. Der Sohar, ein Schlüsselwerk der Kabbala aus dem 14. Jahrhundert, versteht die Musik als Mittel, religiöse Verklärung und Ekstase und Erhabenheit hervorzurufen. Der Sohar zitiert den im 2. Jahrhundert lebenden Rabbi Simon bar Jochai, „Horchet auf die Sphärenmusik, die Engelschöre mit ihren Gesängen über die himmlische Harmonie. Die Propheten, die Sänger, die Seher und die Mystiker, sie fühlen sich vom göttlichen Geist durchdrungen, werfen alles Irdische ab und steigen empor begleitet von dieser göttlichen Musik." Der Chassidismus, die mystisch-religiöse Bewegung, die ihren Höhepunkt zu Anfang des 19. Jahrhunderts erreichte, lehrte, dass wortloses Singen und Tanzen zu mystischer Verzückung führen kann. Bei jeder bedeutenden Gelegenheit, in der Synagoge oder anderswo, wurden besondere Lieder gesungen. Die Chabad, ein Zweig des Chassidismus, entwickelten sogar ein System von sechs spirituellen Stufen des Gesangs und des Tanzes. Beim Überschreiten jeder Stufe erreichte man ein höheres Stadium an Spiritualität bis zum Zustand der Seele als körperloser Geist. [5]

Als kleines Mädchen in der Frankfurter Synagoge war ich Zeugin bedeutender Veränderungen in Musik und Liturgie. Das verstand ich damals natürlich noch nicht richtig. Die so genannte Emanzipation der europäischen Juden im 18. und 19. Jahrhundert brachte unter dem Einfluss der Aufklärung neue und freiere Denkweisen mit sich, die sich auch in den Ritualen innerhalb der Synagogen Bahn brach. Im frühen 19. Jahrhundert ersetzte die Reformbewegung in Deutschland die traditionellen hebräischen Gebete durch deutsche und schaffte das Singen der Heiligen Schriften ab. Besonders einschneidend war die Einführung der Orgel in reformierten Synagogen. Dies wiederum schränkte die traditionelle Rolle des Kantors und Vorbeters ein, des Chasan. Wir waren orthodoxe Juden, doch die Reformbewegung veränderte auch unsere Art zu beten. Musikalisch gesehen durch die Kompositionen von Salomon Sulzer (1804-1890) und Louis Lewandowski (1821-1894).

---

[5] Diese Darstellung stützt sich zum großen Teil auf Irene Heskes, *Passport to Jewish Music: Its History, Traditions and Culture* (Westport, Conn., 1994).

Sulzer, ein österreichischer Kantor und Komponist, von Liszt, Schumann und Schubert bewundert, bemühte sich, viele der aus dem Mittelalter überlieferten traditionellen liturgischen Melodien zu „bereinigen". Er wollte diese Melodien von ihren Schnörkeln befreien und sie der europäischen weltlichen Musik angleichen, gleichzeitig aber den Charakter ihrer ursprünglichen Bestimmung bewahren. Das Arrangement des „Schma", wie wir es heute singen, verdanken wir Sulzer, ebenso wie die Tatsache, dass der Vorbeter Kantor heißt und nicht Chasan (trotzdem wird er noch häufig so genannt). Sulzer hatte sich nämlich erinnert, dass Johann Sebastian Bach, der größte deutsche Kirchenmusikkomponist, in Leipzig die Stelle eines Kantors oder Chormeisters innehatte. Mit nicht eben übertriebener Bescheidenheit kürte Sulzer sich zum jüdischen Äquivalent Bachs.

Louis Lewandowski, der Chormeister der größten Berliner Synagoge, komponierte in der Art von Mendelssohn und veröffentlichte zwei wichtige Sammlungen seiner kantoralen Soli und Chöre für alle Gottesdienste des Jahres. Seine Musik ist wunderbar seelenvoll und ich erinnere mich noch gut daran, wie ich als kleines Mädchen in der Synagoge sitze und mir die Ohren übergehen. Wie der Historiker der jüdischen Musik A. Z. Idelsohn schreibt: „Seine Stärke liegt im Cantabile, im Bereich zwischen Melodie und Rezitativ, im frei fließenden jüdischen Sologesang, in Moll. Er schuf einen edlen, warmen Stil für die jüdischen Melodien, gereinigt von dem Gewirr schwammiger Sentimentalität". 1871 veröffentlichte Lewandowski sein „Kol Rinna", den ersten vollständigen Gottesdienst für den Schabbat und die Feiertage, mit genauen musikalischen Vorgaben für den gesamten Gebetstext. Idelsohn stellt auch fest, dass „die Singbarkeit und die Frische der Musik, der gehobene Stil der Chorpartien und sein vom deutschen ‚Lied' geprägte Artikulation wohl dazu geführt haben, dass (Lewandowskis Werke) bei den jüdischen Gemeinden in Deutschland so beliebt wurden."[6]

Einer meiner engen Freunde hat eine wundervolle Singstimme und immer, wenn wir telefonieren, bitte ich ihn vor dem Auflegen, ein bisschen Lewandowski zu singen. Das mag albern erscheinen, ist es aber nicht. Besagter Freund versteht mich und kommt meiner Bitte gerne nach. Das war doch die Musik meiner Kindheit und immer wenn ich die Synagogenweisen höre, fühle ich die Hand meines Vaters auf der meinen, höre meine Großmutter und meine Mutter, wie sie versuchen, mitzusingen.

Warum ist die Erinnerung an diese Musik so überwältigend? Sicher auch, weil sie so abrupt abbricht. Wie ich schon erwähnte, waren meine Spielkameraden in der Brahmsstraße Juden und Christen. Ob einer von ihnen die Freundschaft zu mir wegen meines Glaubens beendete oder ob ich damals Zielscheibe antisemitischen Spotts war, weiß ich nicht mehr. Als Kind waren mir die antisemitischen Strömungen nicht bewusst, obwohl sie damals schon zu einem unheilvollen Crescendo anschwollen. Die Wahlen von 1932, damals war ich vier Jahre alt, machten die Nazis zur stärksten Partei im Reichstag. 1933 wurde Hitler Kanzler und ein Jahr spä-

---

[6] A. Z. Idelsohn, *Jewish Music: Its Historical Development* (1929, New York, 1944), 27, 282.

ter Reichspräsident. Alles, an was ich mich erinnern kann, ist, gehört zu haben, dass er Juden nicht mochte.

Mir war nicht klar, wie wenig er sie mochte. 1933 wurden die Juden aus dem Regierungsdienst und den Universitäten entfernt, von akademischen Berufen ausgeschlossen. Die Nürnberger Gesetze von 1935 nahmen den Juden praktisch alle bürgerlichen Rechte. Viele antijüdische Gesetze der Nazis richteten sich gegen die Musik. 1933 wurde die Reichskulturkammer gegründet, um alle aus der Musikwelt auszuschalten, die keinen Ariernachweis erbringen konnten. Langsam, aber unerbittlich wurden die jüdischen Musiker von der Bühne und den Aufnahmestudios verbannt. Die Werke selbst *vermeintlicher* jüdischer Komponisten wurden verboten. Die Musiktheoretiker der Nazis mussten sich anstrengen, der Welt zu erklären, dass Werke international anerkannter Berühmtheiten deutscher Musiktradition wie Mendelssohn, Mahler oder Schönberg von „jüdischen Elementen" verdorben waren. 1938 waren Aufnahmen jüdischer Musiker und Komponisten offiziell verboten. Man versuchte, Konzertsäle, Kabaretts und Radioprogramme frei von Juden zu halten. Die beliebte Gesangsgruppe Comedian Harmonists wurde aufgelöst, weil zwei ihrer Mitglieder Juden waren. Der Opernsänger Richard Tauber war nach London gegangen. Die Komponisten Kurt Weill, Arnold Schönberg und Wolfgang Erich Korngold waren nach Amerika geflohen. Die Liste ist endlos.[7]

---

[7] Mehr hierzu bei Erik Levi, *Music in the Third Reich* (New York, 1994) 39 ff. und Michael H. Kater, *The Twisted Muse: Musicians and Their Music in the Third Reich* (New York, 1997), 75-129.

Von dem allem wusste ich damals nichts. Verständlicherweise versuchten meine Eltern, mich von der rauen Wahrheit fernzuhalten. Komischerweise erinnere ich mich sehr gut an das Volkslied, das mit der Hitlerjugend verbunden wird: „Schwarzbraun ist die Haselnuss". Ich habe keine Ahnung, wo ich es zum ersten Mal hörte, bin aber sicher, dass ich mir seiner makabren Bedeutung nicht bewusst war. Doch Unschuld und Illusionen ließen sich nach der Kristallnacht nicht mehr aufrechterhalten. Die Nacht des 9. November 1938 war die Nacht der Gewalt gegen Juden. Viele Synagogen wurden niedergebrannt, auch meine. Der Unterricht an meiner Schule fiel aus. Ich ermaß die volle Bedeutung dieser Ereignisse nicht, aber ich hatte große Angst und schlief nur noch im Bett meiner Eltern.

Eine Woche später, frühmorgens, erschienen einige große Männer bei uns. Die SS-Leute verhafteten meinen Vater. Einige Wochen später war mein Lieblingsfest, Chanukka. Ein Fest der Kinder und da ich ein Einzelkind war, wurde ich an diesem Tag immer mit Aufmerksamkeit überschüttet. Diesmal war die Stimmung sehr gedämpft. Es war doch mein Vater, der sonst immer die Channukkia entzündete und „Maos Zur" („Fels meiner Hilfe") sang. In seiner Abwesenheit musste ich die Kerzen zünden.

Etwa einen Monat später wurde ich auch von meiner Mutter und meiner Großmutter getrennt. Im Juli des vorangegangenen Jahres hatte ein Treffen im französischen Evian stattgefunden. Die Schweiz, die Niederlande, Belgien und Frankreich hatten vereinbart, jeweils 300 Kinder aus Deutschland aufzunehmen. Großbritannien bot an, 10.000 Kinder zu nehmen, immer noch eine geringe Zahl gemessen an den 550.000 Juden, die damals in Deutschland lebten. Ich war eines der hundert Kinder aus Frankfurt, die für die Schweiz bestimmt waren. Wie und warum ich ausgesucht wurde, weiß ich bis heute nicht. Und so kam es, dass mich meine Mutter und meine Großmutter am 5. Januar 1939 am Frankfurter Hauptbahnhof in einen Zug setzten. Die anderen Kinder waren ein paar Jahre jünger oder ein paar Jahre älter als ich. Die meisten von uns sahen ihre Eltern nie wieder.

Ich kannte nur ein anderes kleines Mädchen, das mit mir im Zug war, meine Freundin Mathilde. Ansonsten nur Fremde um mich herum. Ich war allein, nur mit meinen Tränen nicht. Doch nach einiger Zeit begannen wir zu singen. Wie Kinder auf einem Schulausflug. Ich weiß ganz genau, dass ich damit anfing. Das erste Lied war „Hänschen klein", wie hätte es auch anders sein können. Hänschen, der auszog, um die Welt kennen zu lernen und doch wieder heimkehrt, als sich seine Mutter vor Sehnsucht schier verzehrt ...

Auf „Hänschen klein" folgte unweigerlich „Kommt ein Vogel geflogen" mit seinen prophetischen Worten:

> Kommt ein Vogel geflogen,
> setzt sich nieder auf mein' Fuß,
> Hat ein Zettel im Schnabel,
> von der Mutter ein' Gruß.
> Lieber Vogel, fliege weiter,
> nimm ein' Gruß mit, einen Kuss,
> Denn ich kann dich nicht begleiten,
> Weil ich hier bleiben muss.

II.

Die Gedanken sind frei

Es war eine lange Zugreise. Zehn Stunden waren wir unterwegs und hatten somit ausführlich Gelegenheit, unser Liederrepertoire durch zu singen. Wir fingen mit deutschen Liedern an, dann kamen die hebräischen, die wir in der Schule und der Synagoge gelernt hatten. Dann begannen wir wieder von vorne. Bei Basel gingen wir über die Schweizer Grenze. Dort gab man uns einen Becher Kakao und etwas zu essen. Zum ersten Mal in meinem Leben hörte ich Schweizerdeutsch. Das klang ganz anders in meinen kleinen Ohren als die Sprache meiner Kindheit: rau, ja, fast unmusikalisch. Unser Ziel war Heiden, ein Dorf nahe des Bodensees, etwa 75 Kilometer von Zürich entfernt.

Fünfzig von uns Kindern stiegen hier aus und marschierten durch den Ort, der aussah wie die Postkarte eines Schweizer Dorfes. Es war im Januar 1939, und überall lag Schnee. So etwas Schönes hatte ich mein Lebtag noch nicht gesehen.

Wir wurden ins Kinderheim Wartheim gebracht, ein Heim für Schweizer Kinder, die, aus welchen Gründen auch immer, nicht bei ihren Eltern leben konnten. Manche Eltern waren geschieden, andere auf Reisen, einige tot. Wir deutschen Kinder schliefen in einer Scheune, die zu einem Anbau des Heimes umfunktioniert worden war. Vor unserer Ankunft war die Scheune nur im Sommer genutzt worden, wenn das Heim auch als Ferienlager fungierte. Unsere Unterkunft war bequem. Sicher nicht schlechter als das, was ich aus Frankfurt gewohnt war. Und die Umgebung war umwerfend. Als wir ankamen, war das riesige Grundstück tief verschneit. Als aber Frühling und Sommer kamen, verwandelte es sich in ein Paradies. Rasen, Blumen, ein großer Gemüsegarten, in dem Himbeeren und Erdbeeren wuchsen. Gleich nebenan war ein Bauernhof, der mich an den meiner Großeltern in Deutschland erinnerte, wo ich oft im Sommer zu Besuch gewesen war. In Heiden war ich von den Kühen unseres Nachbarn begeistert, von ihren Glocken, deren Klang in den Bergen widerhallte.

Aber das hier war keine idyllische Alpen-Sommerfrische. Während wir hier einigermaßen bequem, aber vor allem sicher, lebten, saßen unsere Eltern in Deutschland fest. Wir bekamen zunächst zwar Post von zu Hause, aber wie es dort wirklich aussah, davon hatten wir keine Vorstellung. Wir ahnten nur, dass es sehr bedrückend und schrecklich sein musste.

Kurz nachdem ich von daheim fort musste, kam mein Vater aus dem Lager zurück. Er hatte nun kein Geschäft mehr und konnte nur noch Arbeit als Gärtner auf dem jüdischen Friedhof finden, der ganz in unserer Nähe lag. Mittlerweile wusste er, dass es für Juden keine Zukunft in Deutschland gab. Vater ging zum Konsulat der Vereinigten Staaten von Amerika und beantragte eine Einreisegenehmigung. Er erhielt nur eine Nummer: 49 280. Die damalige Einwandererzahl in die USA war auf jährlich 30 000 beschränkt – Vater wusste, dass sein Unterfangen zum Scheitern verurteilt war. Aber meine Eltern gaben die Hoffnung nicht auf, doch noch aus Deutschland fortgehen zu können. In jedem ihrer Briefe, die ich bis heute aufbewahrt habe, sprachen sie davon. Darin glichen sie all den anderen Eltern der deutschen Kinder im Heim. Es hieß, wir sollten dort etwa sechs Monate bleiben, dann würden uns unsere Eltern oder Vormunde abholen und mit uns nach Amerika, nach Palästina oder wohin auch immer gehen. Nichts dergleichen geschah. Nach sechs Monaten sprachen wir bei der Polizei vor, um unsere Aufenthaltsgenehmigung zu erneuern. Nach weiteren sechs Monaten wieder. So ging das sechs Jahre lang, bis der Krieg zu Ende war. Der Name unseres Heimes – Wartheim – sollte sich als treffender heraus stellen, als wir uns anfangs träumen ließen.

Es wäre gelinde gesagt untertrieben, zu behaupten, dass wir Kinder uns in einer „schwierigen Lage“ befanden. Trotzdem wurden wir häufig bemerkenswert unsensibel behandelt. Der erste Abend gab davon gleich einen Vorgeschmack. Wir schliefen alle zusammen im oberen Stock der umgestalteten Scheune. Schnell entdeckten wir eine kleine Öffnung im Boden, durch die die Wärme des Holzofens nach oben drang. Natürlich guckten wir gleich hindurch und beobachteten unsere Betreuer, wie sie unsere Koffer öffneten und deren Inhalt inspizierten. Sie machten sich über unsere Anziehsachen lustig, die entweder schon aus der Mode oder reichlich abgetragen waren. Als sie bei meinem Koffer angelangt waren, nahmen sie sich einfach die Schokolade, die Mutter und Großmutter mir eingepackt hatten.

Ich erinnere mich an keinen andern Fall von Diebstahl – einmal abgesehen davon, dass keiner von uns etwas hatte, das sich zu stehlen lohnte – aber in den sechs Jahren, die wir in der Schweiz verbrachten, waren wir, gerade heraus gesagt, Bürger zweiter Klasse. Das Verhalten unserer Betreuer uns gegenüber entsprach nur allzu oft der Szene, die wir am ersten Abend beobachtet hatten. Die schlimmste von allen war Fräulein Riesenfeld, selbst eine jüdische Emigrantin aus Deutschland. Sie las alle Briefe, die wir unseren Eltern schrieben oder von ihnen bekamen. Als sich einmal ein Mädchen über die Behandlung im Heim beklagte, schlug Fräulein Riesenfeld sie vor unser aller Augen. Tagelang war es uns verboten, mit dem Mädchen zu sprechen. Ich weiß nicht, was Fräulein Riesenfeld dazu bewog, uns noch etwas viel Schlimmeres anzutun: Sie erzählte uns, unsere Eltern hätten uns im Stich gelassen, weil sie uns nicht richtig liebten! Ich habe diese Erinnerung überprüft – denn wir, die wir hier zusammen waren, haben natürlich über die Jahrzehnte hin engen Kontakt gehalten – und andere Kinder von damals teilen sie. Fräulein Riesenfeld wollte uns glauben machen, unsere Eltern seien Rabeneltern, die sich einfach nicht mehr um uns kümmern wollten. Ich wusste natürlich, dass das nicht stimmte. Aber wir haben uns nie bei unseren Eltern oder bei den Leuten, die in Zürich für uns verantwortlich waren, beschwert. Wir wussten, dass wir auf den guten Willen und die Gnade der Menschen hier angewiesen waren – wir hatten still und dankbar zu sein. Die Alternative, nämlich nach Hause zurück zu müssen, war ungleich schlimmer.

Trotz all ihrer Fehler haben uns die Frauen, die in dem Heim arbeiteten, auch Gutes getan. Zum Beispiel hörten wir klassische Musik, wozu ich zuvor nie Gelegenheit gehabt hatte. Unsere Betreuerinnen mögen furchtbare Pädagoginnen, ja Unmenschen, gewesen sein, aber sie kamen alle aus kultivierten Familien, meistens aus Berlin, und fühlten eine Art von Verantwortung, uns ihr Kulturverständnis zu vermitteln. Jeden Freitagabend lasen sie uns vor, und dann lauschten wir Sinfonien, Streichquartetten, Operetten im Radio oder vom Grammophon. Ich bin mir ziemlich sicher, dass ich hier erstmals Mozarts *Eine kleine Nachtmusik* hörte, noch immer eines meines Lieblingsstücke. Und hier begriff ich auch zum ersten Mal, was *zuhören* bedeutet. Die deutschen Damen übten Disziplin und sorgten dafür, dass wir ganz still und ernst da saßen und die Musik nicht als Hintergrundgeräusch abtaten. Eine einzige, Frau Berendt, durfte natürlich doch im Rhythmus mitwippen und mitsingen.

Es ist nicht zu fassen, aber es war abgemacht, dass wir deutsch-jüdischen Flüchtlingskinder die Schweizer Kinder des Heimes zu bedienen hatten. Wir gingen zwar zur Schule, aber gerade mal zwei Stunden am Tag. Die restliche Zeit mussten wir im Haushalt arbeiten! Wir wuschen die Wäsche der Schweizer Kinder, stopften ihre Kleidung, und räumten hinter ihnen her. Gleich zu Anfang erhielt ich die Aufgabe, auf einige der kleineren Kinder aufzupassen. Das machte ich von Herzen gern, zudem gab es mir ein gutes Selbstwertgefühl. Ich war sehr stolz, dass man mir die Betreuung der Kleinen anvertraut hatte.

Normalerweise wurde ich um viertel nach sechs in der Frühe geweckt und machte mich zusammen mit anderen Mädchen auf den Weg in den Speisesaal, wo wir die

Bänke zurecht rückten, auf denen die Kinder zum Frühstück Platz nahmen. Dann liefen wir in die Waschräume, kämmten die Kinder, dann in die Schlafsäle um die Betten zu machen. Nach dem Frühstück nahm ich Besen, Mopp und einen Eimer Wasser aus der Küche und fegte die Gänge und die Badezimmer, reinigte die Toiletten und wusch die Böden. Wenn ich damit fertig war, ging ich nach oben in die Schlafsäle. Hier waren wir bis Mittag beschäftigt. Am Nachmittag mussten wir dann andere Arbeiten erledigen, zum Beispiel Nähen und Stopfen. Am Abend half ich die Kinder zu baden und nach dem Abendessen putzte ich ihre Schuhe.

Jeden Montag war Waschtag. Wir wuschen Strümpfe, Unterwäsche, Bettzeug der anderen Jungen und Mädchen im Heim und hängten die nasse Wäsche draußen auf. Auch im Winter, mit steif gefrorenen Fingern. Jeden Freitag, bevor der Schabbat begann, wickelten wir Flüchtlingsmädchen aus Deutschland Stahlwolle um unsere Füße und rauschten damit über das Parkett, um es zu putzen. Danach ging es auf die Knie zum Polieren, bis der Boden glänzte wie ein Spiegel.

Haben wir während der Arbeit gesungen? Nicht laut, aber ich summte ständig vor mich hin. Zunächst eine Melodie, die ich mir selber ausgedacht hatte, ein Liedchen, das Rumpelstilzchen vor sich hin sang, wie es allein durch sein Grimmsches Märchen tanzte. Es war klein, ich war auch klein, unser beider Tage schienen nur aus Hausarbeit zu bestehen: „Heute back ich, morgen brau ich…“. In anderer Hinsicht aber waren wir geradezu seelenverwandt: Rumpelstilzchen und ich wussten sehr genau, dass es klüger und sicherer war, Dinge für sich zu behalten inmitten all dieser harten Arbeit: „Ach, wie gut, dass niemand weiß, / Dass ich Rumpelstilzchen heiß". Anders als ich wollte Rumpelstilzchen das Kind der Königin entführen, wahrscheinlich eher nicht, weil ihm Kinderbetreuung genauso viel Spaß machte wie mir. Ich wiederum würde keinen Wutanfall bekommen und mich am Ende in Stücke reißen wie Rumpelstilzchen. Machte nichts: Ich summte sein Liedchen trotzdem vor mich hin.

Bald wich Rumpelstilzchen anderen Liedern. Darunter dem schon erwähnten von dem jungen Mädchen, dass vor Tagesanbruch aufstehen muss um das Feuer anzumachen. Heute weiß ich, dass Hugo Wolf das Gedicht von Eduard Mörike vertonte. Damals aber war es für mich nur das „Aschenputtel-Lied" – wer sonst musste sich so früh um den Herd kümmern? Aschenputtel und ich waren sicher für besseres bestimmt als vor Tau und Tag aufzustehen und die endlose Runde von Hausarbeiten zu beginnen: „So kommt der Tag heran,/ O ging er wieder!"

Je älter ich wurde, desto mehr ärgerte ich mich, dass ich nicht auf eine richtige Schule gehen konnte. Dass ich etwas im Kopf hatte, wusste ich, und dass ich keine Lust hatte, mein Leben damit zu verbringen, Kartoffeln zu schälen, wusste ich auch. Einige Jungens durften die höhere Schule im Dorf besuchen, die Mädchen aber nicht. Mit dem Ende der achten Klasse war meine formale Schulbildung also vorbei. Ich gierte danach, zu lernen und hatte mir in den Kopf gesetzt, Lehrerin zu werden. Stattdessen wurde ich einmal in der Woche ins Dorf geschickt, um dort zu lernen, wie ich besser stopfen, bügeln und Betten machen konnte. Sie wollten mir das Rüstzeug zum Hausmädchen beibringen! Das erklärt, warum ich seither jede Art von Hausarbeit hasse (ein Blick in meine Wohnung bestätigt, dass ich die Wahrheit sage). Und so summte ich mein „Aschenputtel-Lied" und war traurig ob unseres gemeinsamen Schicksals.

Noch heute heißt das Lied bei mir „Aschenputtel-Lied", obwohl mir mittlerweile klar ist, dass mir damals eine ganz wesentliche Komponente des Liedes entgangen war: Ein Traumprinz hat offenbar mit den Gefühlen des Mädchens gespielt und sich dann aus dem Staub gemacht, denn das Lied heißt „Das verlassene Mägdlein". Das Mädchen ist zur Hausarbeit verdammt und dazu noch unglücklich verliebt:

Plötzlich, da kommt es mir,
Treuloser Knabe,
Dass ich die Nacht von dir
Geträumet habe.
Träne auf Träne dann
Stürzet hernieder …

Als Walter, mein erster Freund im Kinderheim, mich sitzen ließ, hätte ich mich doch wirklich in dieses traurige Lied versenken können. Aber kaum hatte Walter mir einen Korb gegeben, einen Tag später, wendete ich mich einem anderen Jungen namens Max zu. Wenn ich heute dieses Lied singe – was ich oft tue – dann besonders, wenn ich traurig darüber bin, dass ich alleine bin. Damals bekümmerte mich eher die Hausarbeit.

Meine Erlebnisse im Kinderheim hören sich an, als hätte ich sie einem Roman von Charles Dickens entnommen. Ganz so schlimm war es nicht. Zunächst konnten wir unsere Scheune nach einem Jahr verlassen und in das Haupthaus ziehen. Außerdem war die Umgebung, wie gesagt, wirklich wunderschön. Aber am wichtigsten ist, und das werde ich nie vergessen, Wartheim hat mir das Leben gerettet. Selbst das harte Regiment der Hausarbeit hatte wahrscheinlich einen eher ganz realistischen denn einen bösartigen Hintergrund: Hier, mitten in die Bilderbuchordnung eines Schweizer Dorfes, hatte man ein Kinderheim für jüdische Kinder gesetzt, viele davon Flüchtlinge. Hatten die christlichen Bewohner von Heiden jemals so viele Juden auf einmal gesehen? Kaum. Beunruhigte sie unsere Anwesenheit? Bestimmt. Die Leiter des Heimes fühlten sich wohl unter ständiger Beobachtung. Sie mussten beweisen, dass wir Juden genauso sauber, genauso ordentlich waren wie die besten Schweizer.

Das Kinderheim war ein sehr jüdisches Haus. Das Essen war streng koscher (obwohl wir nur einmal in der Woche Fleisch bekamen), und am Schabbat machten wir nicht das Licht an. Traditionelle jüdische Musik war eine unserer Lebensadern, die auch die tieferen Befindlichkeiten versorgte, die wir weder offen ansprechen noch auch nur über sie nachdenken wollten. Das traf ganz sicher auf unsere Gebete zu. Jeden Abend sprachen wir ein Gebet und danach sangen wir: „Der Wächter Israels schläft und rastet nicht" („Hine lo janum v'lo jischan schomer Israel"). Ich war ja für einige der kleineren Kinder verantwortlich und ich erinnere mich genau daran, wie wir jeden Abend vor dem Schlafengehen dieses Lied sangen. Das war immer sehr bewegend für mich, hatten meine Familie und ich in Frankfurt doch immer das gleiche Lied gesungen. Aber wachte Gott *wirklich* über uns? Wenn ja, warum beschützte Er dann nicht auch unsere Familien? Wie konnte ein wachsamer Gott denn überhaupt zulassen, dass all diese Dinge geschahen? Heute kann ich diese Fragen stellen, auch wenn ich keine Antworten darauf finde. Jeden Samstagabend sangen wir gemeinsam das „Schawua Tov"-Gebet aus vollem Herzen: „Eine gute Woche". Das kannte ich auch aus Frankfurt und so fand ich Trost in der Melodie noch mehr als in den Worten. Auf ihre Weise waren die Melodien ein Art Elternersatz, schenkten sie uns doch Vertrautheit, Wärme und Sicherheit. Auf alle Fälle bewahrten sie uns davor, niedergeschlagen oder verzweifelt zu sein.

Alle Feiertage, die ich von zu Hause kannte, begingen wir auch in Wartheim: Die Hohen Feiertage natürlich, Rosch ha-Schana und Jom Kippur; Purim, das mit seiner Karnevalsstimmung und dem Gesang bei Kindern besonders beliebt ist. Pessach stimmte mich damals traurig, denn den Seder soll man doch mit der Familie feiern. Ich erinnere mich, dass ich einmal ein kleines Stück mit Musik für Tu bi Schewat schrieb, das Neujahrsfest der Bäume. Und Chanukka, das ich als kleines Kind in Frankfurt so sehr geliebt hatte, war mir besonders wichtig, vielleicht mehr denn je zuvor. Wahrscheinlich, weil ich nun wirklich begriffen hatte, dass dieses Fest den Sieg des Lichtes über die Finsternis feiert, den Sieg der

Hoffnung über alle Widrigkeiten. Oder weil Chanukka das letzte Fest war, das ich zu Hause beging?

Am achten Tag von Chanukka gab es in Wartheim Geschenke für uns – ich bekam immer abgetragene Kleider, weil ich so klein war – und der Glanz der Lichter der Chanukkia erfüllte mich mit Freude und Stolz darüber, dass ich Jüdin war. Mein Chanukka dauerte länger als das der anderen Kinder. Denn über meinem Bett hatte ich ein Bild an die Wand gepinnt, das ich wohl aus einem Kalender heraus gerissen hatte. Darauf war ein Mann zu sehen, der ein kleines Mädchen vor einer entzündeten Menora auf dem Arm hielt. Wenn ich ganz genau hinsah, konnte ich sehen, wie das Flackern der Kerzen sich auf ihren Gesichtern wieder spiegelte. Ich stellte mir vor, ich sei das kleine Mädchen, und der Mann mein Vater, obwohl er meinem Vater überhaupt nicht ähnlich sah, denn er trug den langen Bart eines orthodoxen Juden. Außer uns beiden war niemand da. Meine Mutter und meine Großmutter waren von dieser idyllischen Familienszene ausgeschlossen – vielleicht zahlte ich ihnen damit heim, dass mein Vater bei unserem letzten Chanukka in Frankfurt nicht dabei sein konnte. Das war natürlich nicht ihre Schuld gewesen, das wusste ich genau; er war ja mit Gewalt von den Nazis abgeholt worden. Aber meine Mutter und Großmutter hatten mir gesagt, dass mein Vater nur nach Hause zurückkehren könnte, wenn ich Frankfurt verlassen würde. Er sei es, der wolle, dass ich in die Schweiz ginge. Als ich das Bild über meinem Bett betrachtete, wusste ich, dass das nicht wahr sein konnte. Ein Vater würde so etwas nie verlangen. Wenn ich das Bild ansah, hörte ich meinen Vater singen: „Maos Zur“ („Fels meiner Hilfe“). Noch heute höre ich ihn singen – nach all diesen Jahren.

Was aus dem Bildchen geworden ist, weiß ich nicht. Wahrscheinlich habe ich es, als ich älter wurde, gegen irgendetwas ausgetauscht, von dem ich glaubte, ein Teenager sollte es über dem Bett hängen haben. Das Bildchen ist lange verschwunden, aber das Gefühl der Traurigkeit, der Erinnerung und des entsetzlichen Verlustes verspüre ich noch immer.

Uns Kinder in Heiden tröstete am meisten, dass wir einander hatten. Wir begriffen sehr schnell, dass wir einander Familie und Halt sein mussten und so hingen wir sehr aneinander. Noch heute bin ich meinen Genossen vom Kindertransport eng verbunden und besuche sie oft in Europa und Israel. Vor kurzem war ich in Israel und lud zehn der ehemaligen Heimkinder zum Lunch ein. Mehr als sechzig Jahre nach unserer Ankunft im Kinderheim! Einer davon war Walter, mein erster Freund. Unsere Beziehung dauerte von meinen 12. bis zum 15. Lebensjahr und war ungeheuer wichtig für mich. Natürlich war ich einsam, fand mich in keiner Weise hübsch oder intelligent oder liebenswert. Als ich spürte, dass Walter in mich verliebt war, wuchs mein Selbstbewusstsein ungemein. Das wiederum war sehr wichtig für meine emotionale Entwicklung und meine Fähigkeit, im Kinderheim Bindungen zu knüpfen. Ich glaube, dass diese Freundschaft viel weniger bedeutsam für mich gewesen wäre, wenn ich in einer Familie aufgewachsen wäre. Auch geistig brachte mich Walter voran. Er war nämlich ein helles Köpfchen. Als einer derjenigen, die

die Dorfschule besuchen durften, ließ er mich aus seinen Büchern lernen, die er mit nach Hause brachte. Am Abend, als wir schlafen sollten, schleppte Walter seine Geschichts-, Erd- und Sozialkundebücher herbei, die ich durcharbeitete. (Mathematik und Chemie hingegen verstand ich ohne Anleitung nicht.) Walter versteckte sich in meinem Bett, während ich auf den Gang schlich um dort im Licht der Hallenlampe zu lesen. Wenn ich fertig war, kroch ich in mein Bett, wir küssten uns ein bisschen, und dann verschwand Walter, die kostbaren Lehrbücher unter den Arm geklemmt. Aber im Zusammenhang mit *diesem* Buch spielt Walter aus einem anderen Grund eine wichtige Rolle. Er brachte mir mein erstes amerikanisches Lied bei. Es war gleichzeitig auch das erste Liebeslied, das mir je jemand sang: „You are my sunshine,/ My only sunshine./ You make me happy,/ When skies are grey". Es ist noch immer eines meiner Lieblingslieder.

Wenn ich an diese Zeit zurück denke, dann kommt es mir vor, als hätten wir in einem fort gesungen. Das kam sicher auch daher, weil wir kein Spielzeug hatten. Also mussten wir uns auf andere Weise amüsieren. Zudem brachte uns das gemeinsame Singen noch näher zusammen. Die Musik musste viele Funktionen in unserem Leben erfüllen. Nicht zuletzt lehrte sie uns die Sprache. Wir erhielten keinerlei formalen Unterricht in Schweizerdeutsch, das so ganz anders war als die Sprache, die wir von zuhause gewöhnt waren. So lernten wir es eben beim Singen. Natürlich war das Vokabular recht beschränkt. Ich konnte von Bergblumen berichten und darüber, dass ich keinen Bauernburschen heiraten wollte – recht viel mehr nicht.

Ich mag mich darüber lustig machen, aber hier geht es um wirkliche Lieder. An eines davon erinnere ich und summe es vor mich hin: „Es Burebüebli mag i nid“: „“Es Burebüebli mahni nid,/ das gseht me mir wohl a, juhe!“. Eigenartig, dass gerade ich dieses Lied sang, denn – wie gesagt – meine Mutter war eine Bauerntochter aus Wiesenfeld, einem Dorf etwa hundert Kilometer von Frankfurt entfernt. (Sie war als junge Frau in die Stadt gekommen, um in der Familie meines Vaters als Hausmädchen zu arbeiten; sie hatten eine Affäre, sie wurde schwanger und sie und Vater heirateten. Jawohl – Dr. Ruth ist das Produkt einer außerehelichen, ungewollten Schwangerschaft.) Obwohl ich jeden Sommer bei der Familie meiner Mutter auf dem Bauernhof verbrachte, prägte mich die bürgerliche Umgebung, in der ich in Frankfurt am Main aufwuchs, doch weit stärker. Auch wenn ich das damals nicht begriff, war es mir ernst, als ich dieses Lied sang: Nein, ich wollte keinen Bauernburschen, sondern jemanden, der klug und kultiviert war. Das Mädchen im Lied singt: „S mues einer si gar hübsch u fin/ darf keini Fähler ha juhe...“. So jemand war für sie aber nicht vorgesehen und so musste sie „bis i den Tod“ unverheiratet bleiben. Bei mir entwickelten sich die Dinge allerdings anders und vielleicht kann ich daher „Es Burebüebli mahni nid“ leichten Herzens singen, wann immer ich mit meinen Schweizer Freunden beisammen bin.

In den ersten Jahren im Heim, bis ich die achte Klasse und damit meine schulische Laufbahn beendete, wurde ich von einem polnischen Juden namens Ignatz Mendel unterrichtet. Er war nicht gerade der schönste aller Männer, er zog ein Bein nach – aber er war so nett wie Fräulein Riesenfeld grausam war. Er hatte eine schwierige Aufgabe zu bewältigen, musste er doch rund vierzig Schüler unterrichten, die zwischen sechs und vierzehn Jahren alt waren und natürlich über völlig unterschiedliches Wissen und Intelligenz verfügten. Und all das in einem sehr spärlich ausgestatteten Klassenzimmer. Trotz dieser Widrigkeiten machte Ignatz Mendel seine Sache sehr gut. Er brachte uns sogar ein paar Brocken Englisch bei. Und Ignatz Mendel hatte eine musikalische Ausbildung. Er spielte recht ordentlich Geige und lehrte uns auch einige Lieder. Erstaunlich, an wie viele ich mich erinnere.

Ich bin eine leidenschaftliche Sammlerin und weiß nie, was ich finde, wenn ich in den Ecken und Winkeln meiner Wohnung herumkrame. Neulich stieß ich auf das *Schweizer Singbuch*, von dem ich gar nicht mehr wusste, dass ich es überhaupt noch besaß. Als ich meinem Freund Werner Gundersheimer von meinem Fund berichtete, sagte er, dass die Entdeckung wohl einer archäologischen Ausgrabung gleich käme. Damals war ich ein bisschen gekränkt, denn mir wollte nicht gefallen, dass ich ruinenalt sein sollte. Aber je mehr ich mich mit dem *Singbuch* beschäftigte, desto mehr verstehe ich, dass Werners Vergleich so unpassend nicht war. Ich habe gegraben und gegraben und dabei einige bemerkenswerte und unerwartete Dinge ans Tageslicht befördert. Das *Schweizer Singbuch*, das ich unter einem Stapel von Büchern in meinem Wohnzimmer ausgrub, ist wirklich ein archäologischer Fund erster Güte. Manch interessanter Schlüssel ist darin verborgen.

Das Buch ist mitteldick, in orangefarbenem Leinen gebunden, auf dem Deckel steht „Primarschulstufe". Innen ist das Jahr 1938 verzeichnet – das Jahr bevor ich nach Heiden kam. Auf dem Vorsatzblatt steht in meiner Handschrift in Bleistift „Karola", auf der anderen Seite „Dieses Buch ist Schuleigentum. Es ist der Schule beim Verlassen zurück zu geben." Ich aber habe dieses Buch behalten, schon erstaunlich für ein ordentliches jüdisches Mädchen aus Frankfurt wie ich es war. Nicht nur das – das Buch ist eine der ganz wenigen Sachen, die ich mein Leben lang bei mir hatte, in Heiden, im Kibbuz in Palästina, in einer Studentenbude in Jerusalem, einer möblierten Wohnung in Paris und dann in den Vereinigten Staaten. Das Buch ist in gutem Zustand, bedenkt man, wie viel es unterwegs war. Das zeigt, wie wichtig es mir war. Und jetzt, wo ich fünfundsiebzig Jahre alt war, schlug ich das Buch wieder auf.

Als ich es durchblätterte, erschrak ich fast, wie viele der Lieder ich noch kannte. Auf der letzten Seite ist ein Gedicht von Marie von Ebner-Eschenbach abgedruckt: „Ein kleines Lied":

Ein kleines Lied!
Wie geht's nur an,
Dass man so lieb
Es haben kann
Es liegt darin
Ein wenig Klang
Ein wenig Wohllaut
Und Gesang
Und eine ganze Seele.

Das mag ein bisschen sentimental sein, aber beim Blättern brachen die Erinnerungen auf mich herein. In manchen Liedern erkenne ich mich wieder und dann bin ich wieder das Kind und das junge Mädchen in Heiden. Bei anderen Liedern aber wird mir bewusst, wie weit das, was wir sangen und unsere tatsächliche Situation auseinander klafften.

Wir sangen von Trost und Zuversicht, so als ob das Singen allein unsere Welt wieder in Ordnung bringen könnte. So die Zeilen des Romantikers Adalbert von Chamisso:

> Hab oft im Kreise der Lieben
> In duftigem Gras geruht,
> Und mir ein Liedlein gesungen,
> Und alles war hübsch und gut.
>
> Hab einsam auch mich gehärmet
> In bangem düsterem Mut,
> Und habe wieder gesungen,
> Und alles war wieder gut.
>
> Und manches, was ich erfahren,
> Verkocht ich in stiller Wut,
> Und kam ich wieder zu singen,
> War alles auch wieder gut.
> Sollst nicht uns lange klagen,
> Was alles dir wehe tut,
> Nur frisch, nur frisch gesungen!
> Und alles wird wieder gut.

Fand ich Trost in der Erinnerung an eine liebevolle Familie, die dieses Lied andeutet? In seiner Versicherung, dass alle Sorgen vergehen würden? Bestimmt. Ich bin sicher, dass ich die Zuversicht dieses Liedes begierig aufnahm. „Ein Jecke weint nicht", sage ich immer, wenn mir etwas schief geht und „à la Ruth Westheimer" (auch das sage ich immer) mache ich unbeirrt weiter. Aber die Schwierigkeiten, die wir damals hatten, ließen sich nicht mit einem Lied lösen. Dass dieses Lied mir in schweren Zeiten offenbar doch half, zeigt, wie bedeutsam es war, dass wir an seine Worte glaubten.

„Wer nur den lieben Gott lässt walten" aus dem Kapitel „Gotteslob" sangen wir auch oft:

> Wer nur den lieben Gott lässt walten
> Und hoffet auf ihn allezeit,
> Den wird er wundersam erhalten
> In allem Kreuz und Traurigkeit.
> Wer Gott, dem Allerhöchsten traut,
> Der hat auf keinen Sand gebaut.

Diese Schweizer Liedersammlung ist natürlich kein jüdisches Gesangbuch. Aber das Lied war eines der wenigen, das wir genauso gut wie die christlichen Kinder singen konnten. Seine Botschaft – wenn wir Gott vertrauen, wird alles gut werden – schrieb mir auch meine Großmutter in jedem Brief. Das ist tröstlich für ein Kind. Aber wie anders sah die Wirklichkeit aus und welche Tragödie, wenn der Glaube uns lehren wollte, tatenlos zuzusehen und die Grauen des Holocaust geschehen zu lassen.

„Freut euch des Lebens“ lehrte uns, an allen Dingen uns zu erfreuen, solange die Lampe noch brannte und die Rose noch blühte – ein klassisches „Carpe diem“ - Lied – geradeso, als ob die Welt um uns herum aus Blumen und glänzenden Lichtern bestehen würde. Dem „Beresina - Lied“ zufolge, auch eines unserer Hoffnungs-Lieder, gingen wir durchs Leben wie Reisende in der Nacht. Wenn die Zeilen auch verhießen, dass das Morgenlicht kommen und unsere Sorgen vergehen würden, so ließen sie doch wenigstens durchscheinen, dass wir momentan von Finsternis umgeben waren. Dieses Lied sprach und spricht mich noch immer auf verschiedenen Ebenen an. Ich sehe Zuversicht darin, aber eben auch, dass das Leben eine ungewisse Reise ist. Ich konnte auf das helle Sonnenlicht am Morgen hoffen, den das Lied verhieß. Aber ich wusste auch, dass ich der ewige Jude war, ein Mensch ohne Heimat, den niemand haben wollte.

Wir sitzen so fröhlich beisammen
Und haben einander so lieb.
Erheitern einander das Leben;
Ach! Wenn es doch immer so blieb!

Ein Lied der Freundschaft und Kameradschaft aus dem *Schweizer Singbuch*. Es ist „fröhlich und gemütlich“ zu singen, und genau das taten wir auch gemeinsam. Dieses Lied feierte die Zuneigung von uns Kindern untereinander und unsere gemeinsamen Erlebnisse. Diese Kinder waren nun meine Familie. Aber das Lied heißt „Wechsel der Dinge“ und so würden diese neuen Familienmitglieder ebenso verschwinden wie es meine richtige Familie auch getan hatte:

Es kann ja nicht immer so bleiben
Hier unter dem wechselnden Mond

Wer weiß denn wie bald uns zerstreuet
Das Schicksal nach Ost und nach West.

Wir werden uns als Freunde wieder sehen, verheißt das Lied munter, aber wie konnte ich da so sicher sein? Mein Leben hatte mich bislang gelehrt, dass ich die Menschen verlor, die ich am meisten liebte. So war es sicherer, sich an niemanden zu sehr zu hängen. Ist es verwunderlich, dass ich so fühlte? Und dass ich für lange, lange Zeit so fühlen würde? Viele Jahre würde es dauern, bis meine Tochter Miriam geboren wurde und ich meinen Fred heiratete, bis ich lernte, anders zu denken.

Ein anderes Kapitel des *Schweizer Singbuches* trägt den Titel „Heimat". Diese Lieder erzählen vom Wandern durch den Wald, von Vogelgesang, vom Streifen durch blühende Matten und vom Bergsteigen. Bestimmt wurde meine Liebe zur Natur durch diese entzückenden und unvergesslichen Lieder gefördert. Noch mehr Lieder sind unter der Rubrik „Wandern" versammelt – was in der Schweiz ja auch durchaus sinnvoll ist.

Erholung in Heiden fand in Form von Wandern statt. Das Heim hatte kaum Geld und konnte daher keine Sportgeräte oder andere Freizeitutensilien kaufen. So wanderten wir eben – die Berge kletterten wir nicht empor, sondern spazierten stundenlang durch die Hügel. Wir waren mit gutem Schuhwerk ausgestattet (ich bekam niemals neue Stiefel, weil ich so klein war und immer die abgetragenen Schuhe der anderen erbte). Ganz abgesehen von der körperlichen Ertüchtigung, draußen in der frischen Luft zu sein, die Blumen auf den Matten zu sehen – das tat meiner Seele wohl.

Natürlich sangen wir Wanderlieder bei unseren Streifzügen durch die Natur. Ich erinnere mich an viele. Zwei stimmten wir besonders oft an: „Das Wandern ist des Müllers Lust" – nicht in der berühmten Version von Franz Schubert, sondern in der Vertonung von Karl Zöllner – und „Wem Gott will rechte Gunst erweisen" nach einem Gedicht des großen romantischen Poeten Josef von Eichendorff. Es wurde von Robert Schumann vertont, in unserem Schulbuch stand aber wiederum eine andere Fassung. Wir sangen:

> Wem Gott will rechte Gunst erweisen,
> Den schickt er in die weite Welt,
> Dem will er seine Wunder weisen,
> In Berg und Wald und Strom und Feld.

Alfred Häsler, mit dem gemeinsam ich mein erstes Buch schrieb, *The Story of Karola Siegel*, wusste: „Du kannst eine Landschaft nur in dir aufnehmen, wenn du sie durchläufst, durchwanderst." Davon bin ich fest überzeugt. Gehen ist mir sehr wichtig – draußen, im Haus (selbst während ich telephoniere), wo auch immer. Es hilft mir, meine Gedanken zu ordnen und gibt das Gefühl, meinen Platz in der Welt gefunden zu haben.

Doch wo war mein Platz damals? Wir sangen andauernd von der Herrlichkeit der Wälder, der Schönheit der Blumen und der Berge. In Frankfurt wäre dies reine Poesie gewesen, aber hier in Heiden, umgeben von der wunderbaren Natur, gehörte all dies zu unserem Alltag. Und die Natur war auch das Thema der Lieder des größten Kapitels meines vor langer Zeit entwendeten *Schweizer Singbuches*, überschrieben „Heimat".

Die Heimatlieder waren patriotische Lieder, der Patriotismus fand Ausdruck im Preisen der Natur. Ganz ähnlich funktioniert ja auch „America, the Beautiful", aber im Schweizer Fall war es schwierig zu unterscheiden, wo das Wanderlied aufhörte und die Lobeshymne auf das Land begann.

Jedes Jahr am 1. August, dem Schweizer Nationalfeiertag, gingen wir zu der Feier ins Dorf. Ein riesiges Feuer wurde entzündet, die Männer schwangen mächtige Fahnen, die sich im Wind blähten. Wir konnten natürlich nichts essen, da die Speisen dort ja nicht koscher waren. Aber bei den Liedern konnten wir mitsingen und das taten wir aus voller Kehle. Ein Lied kündete von dem Land, das wie ein weißes Kreuz in einem roten Feld lag. Dieses Bild verstanden wir sehr wohl, denn aus unserer sicheren Position heraus konnten wir am gegenüberliegenden Ufer des Bodensees Deutschland genau sehen. (Im weiteren Verlauf des Krieges sollten wir auch die alliierten Flugzeuge beobachten, die Friedrichshafen bombardierten.) Nur einmal hatten wir wirklich Angst, dass die Deutschen in die Schweiz einmarschieren würden – am 10. Mai 1940, als Hitler in Holland einfiel. Ich erinnere mich, dass wir Pläne schmiedeten, uns in den Bergen zu verstecken. Ich musste meinen Rucksack mit Vorräten packen und vor dem Schlafengehen über mein Bett hängen. Überhaupt war man während des gesamten Krieges ständig alert. Trotzdem fühlten wir uns so sicher, wie es unsere Umstände erlaubten.

Im Rückblick war meine Lage gleichermaßen ironisch und herzzerreißend traurig. Begeistert sang ich Lieder zum Lobe der Schweiz, denn mir war durchaus bewusst, dass ich der Internierung – und wie ich später begriff, dem Tod – nur entronnen war, weil die Schweizer mich aufgenommen hatten. Dass ich nun ihre patriotischen Lieder sang, war also eine Art Dankbarkeitsbezeugung. Auch waren die Melodien eingängig, der Takt mitreißend, man war also schnell begeistert von ihnen. Seit meinen Kindertagen in Frankfurt, seit den musikalischen Kreisspielen mit meinen Freunden auf der Straße oder beim Lauschen der vertrauten Synagogengesänge, bedeutete Musik für mich immer Teilhabe an einer größeren Gemeinschaft. Jetzt, hier in der Schweiz, wollte ich unbedingt dazugehören. Aber genau so ging das nicht. Verzweifelt wünschte ich mir eine Heimat, die mir die ersetzen sollte, die ich verloren hatte. Aber gleichzeitig war mir bewusst, dass die Schweiz nicht die meine war. Erst vor kurzem habe ich verstanden, wie traurig es war, dass ich Tag für Tag diese patriotischen Lieder anstimmte – über die Berge und die Seen und die Liebe zur Heimat – wenn ich doch wusste, dass ich hier nie dazu gehören würde. Denn die Schweizer ließen uns nicht im Zweifel darüber, dass wir nach dem Krieg weder hier bleiben konnten oder durften. Wie sonst sollten wir das Verhalten unserer Betreuer auffassen, die dies zwar nie direkt aussprachen, aber kopfschüttelnd fragten, „Was machen wir bloß mit dir?". Was das bedeutete, war klar. Aber das konnte ich mir nicht eingestehen – diese Hoffnungslosigkeit und Einsamkeit hätte ich nicht ertragen.

Natürlich machte sich dann und wann auch düstere Stimmung breit. Das, wovon die Lieder sangen, die ich so sehr mochte, war keineswegs nur positiv und aufmunternd. Die kleine Romantikerin, die ich war, gab sich in der Pubertät natürlich öfters auch dem großen Schmerz hin. „Der gute Kamerad", ein bewegtes Lied aus meinem Schulbuch, dessen Dramatik zu Herzen geht, erzählt von zwei Soldaten. Der eine stirbt durch eine Kugel, die auf beide zugesaust kommt. Sein Kamerad erinnert sich seiner. Ein anderes Lied, das ich immer wieder vor mich hin sang, heißt „Ein Jüngling liebt ein Mädchen" nach einem Gedicht von Heinrich Heine, vertont von Robert Schumann. Recht umständlich wird darin erzählt, wie sich ein Bursche in ein Mädchen verliebt, die sich aber einem anderen Mann zuwendet, der wiederum sich eine andere erwählt und diese heiratet. Daraufhin heiratet das erste Mädchen aus purem Trotz einen ganz Anderen – und der arme Bursche fällt hinten herunter. Heine weiß: „Es ist eine alte Geschichte,/ Doch bleibt sie immer neu,/ Und wem sie just passieret/ Dem bricht das Herz entzwei." Ging es draußen in der Welt wirklich so zu? Das war alles andere als ein beruhigender Gedanke.[8]

---

[8] In seinem Buch *Ein Jüngling liebt ein Mädchen* (Frankfurt am Main, 2001) stellt Marcel Reich-Ranicki interessante Überlegungen zu der Schumannschen Vertonung dieses Heine-Gedichtes an: Schumann habe in diesem Lied kein Tempo festgelegt, so dass es immer mit frohem Mut und recht geschwind gesungen

Ein anderes Lied nach einem Gedicht von Heine, wunderbar vertont von Felix Mendelssohn, tat meinem jungen Gemüt wohler und ich sang diese „Frühlingsbotschaft“ oft:

Leise zieht durch mein Gemüt
Liebliches Geläute,
Klinge, kleines Frühlingslied,
Kling hinaus ins Weite.

Kling hinaus bis an das Haus,
Wo die Veilchen sprießen!
Wenn du eine Rose schaust,
Sag, ich lass sie grüßen.

Das hörte sich schon besser an.

Doch das wichtigste Lied dieser Jahre war „Die Gedanken sind frei“. X-mal habe ich es vor mich hin gesungen, wann immer ich in einer schwierigen Lage war.

---

würde, wenn es doch ernst und verstörend sein sollte. Von der Verzweiflung des Liebenden hörten wir nichts. Schumann habe die Dramatik zwischen den Zeilen des Gedichtes nicht verstanden, so Reich-Ranicki. Ich bin anderer Ansicht: Wäre die Melodie auch noch ernst und getragen, wäre die ganze Sache nicht auszuhalten.
Reich-Ranicki hat übrigens eine interessante Lebensgeschichte. Er wurde als Sohn einer jüdischen Familie in Polen geboren und kam als Kind nach Berlin. Hier entstand seine lebenslange Neigung zur deutschen Kultur. Während des Krieges konnte er vor den Nazis fliehen. Er versteckte sich zwei Jahre lang im Keller eines polnischen Bauern. Nach dem Krieg lebte er in Polen, kehrte aber 1958 nach Deutschland zurück. Seither zählt er zu den renommiertesten Schriftstellern und Kulturkritikern des Landes.

Von all den Liedern, die ich in Heiden lernte, gab mir diese Melodie aus dem 19. Jahrhundert die meiste Kraft:

Die Gedanken sind frei, wer kann sie erraten?
Sie fliegen vorbei, wie nächtliche Schatten.
Kein Mensch kann sie wissen,
kein Jäger erschießen.
Es bleibet dabei: Die Gedanken sind frei.

Und sperrt man mich ein in finstere Kerker,
Das alles, sind vergebliche Werke.
Denn meine Gedanken zerreißen die Schranken
Und Mauern entzwei, die Gedanken sind frei![9]

Ich war mittlerweile schon ein wenig älter, aber diese Worte trösteten mich wie einst der Gedanke an Rumpelstilzchen: Niemand wusste, wer ich wirklich war oder was tatsächlich in meinem Herzen vor sich ging. Wenn ich verzweifelt war, mich von Gott und der Welt verlassen fühlte, wusste allein ich das. Gleichzeitig konnte ich mich in eine andere Welt hineinträumen und niemand im Kinderheim Wartheim konnte sich darüber lustig machen – denn meine Gedanken gehörten nur mir. Mir war bewusst, dass ich mein inneres Leben beherrschen konnte und das gab mir unendlichen Trost.

Wie gesagt, die vielen deutschen Lieder, die mir nicht aus Kopf und Herz gehen, bringen mich natürlich auch

---

[9] Das Gedicht stammt aus *Des Knaben Wunderhorn*, der Volksliedsammlung, die zwischen 1805 und 1808 von den romantischen Schriftstellern Achim von Arnim und Clemens von Brentano herausgegeben wurde. Auch Gustav Mahler hat die Zeilen vertont, seine Version war mir aber in der Schweiz unbekannt.

in einen gewissen Zwiespalt. Auf der einen Seite bedeuten sie mir viel, weil sie Teil der Kultur sind, aus der ich stamme, und sie zu meinen frühesten Erinnerungen und prägenden Erlebnissen gehören. Andererseits rufen sie natürlich stets Assoziationen an diejenigen hervor, die meine Familie auslöschten und das Leben zerstörten, wie ich es bis dahin kannte. Diesen Konflikt werde ich niemals lösen können. Ich weiß, dass Beethoven, Bach und Schubert keine Nazis waren, sie tragen keine Schuld an den Verbrechen der Nazis. Ich liebe die Musik dieser Komponisten und sie wird immer Teil meines Lebens sein. Nur allmählich beginne ich zu begreifen, wie viel Kultur der deutschen Klassik und Romantik ich durch diese Lieder aufgenommen habe, durch die Verse von Goethe, Heine, Eichendorff, Chamisso und die Musik von Mozart, Schumann und Mendelssohn.

Aber auch andere Musik lag in der Luft. „You Are My Sunshine" war das erste amerikanische Lied, das ich kennen lernte; „On the Good Ship Lollipop" folgte bald – den Text kannte ich damals und kenne ihn bis heute nicht. Ich beherrschte nur ein paar Brocken Englisch – dank Ignatz Mandel – aber wir schauten oft englische und amerikanische Film an: *Mrs. Miniver, How Green Was My Valley, Waterloo Bridge, Gone with the Wind.* Am meisten beeindruckten mich die Filme mit Shirley Temple. Als Jugendliche schwärmte ich für sie, und ich glaubte, nur im Paradies – oder in Amerika – würden Menschen so aussehen. Diese Locken, diese Grübchen und diese Krinolinenkleidchen. Sie war so quirlig, so guter Dinge und sie machte andere Menschen glücklich – das gefiel mir. Sie war wie eine Prinzessin, umgeben von

Reichtum und Schönheit – denn sie war so klein wie ich und sie spielte im Film ein Waisenkind. Ich konnte mir also doch noch Hoffnung machen.

Gegen Ende des Krieges machten Amerikaner, die aus der Kriegsgefangenschaft entlassen worden waren, in einem Lager in der Nähe von Heiden Station. Die älteren Kinder aus dem Heim statteten ihnen Besuche ab. Die Amerikaner lehrten sie englische Lieder, die sie uns beibrachten: „My Darling Clementine", „My Bonnie Lies over the Ocean" und „It's a Long Way to Tipperary". Ein anderes Lied, das wir uns von den Amerikanern ablauschten, war „Lili Marleen". Wohl kaum ein anderes Lied, das während des Zweiten Weltkrieges populär war, hat eine derart vertrackte Geschichte. Der Komponist Norbert Schulze hatte es ursprünglich 1939 für Lale Andersen geschrieben. Die deutsche Propaganda spielte es nachts für ihre Truppen. Engländer hörten es ebenfalls und fingen an, es nachzusingen in einer Art Deutsch oder in improvisierten englischen Versionen (manche davon nicht eben jugendfrei). Das Lied, das von einem Soldaten erzählt, der sich nach seiner getreuen Geliebten sehnt, wurde schließlich richtig ins Englische übersetzt und zu einem Ohrwurm für beide verfeindeten Seiten. Hier saß ich also in der Schweiz, sang ein Nazi-Lied, in einer geliebten englischen Fassung, die uns Amerikaner beigebracht hatten.

Ich erinnere mich an ein weiteres Lied in – einer Art von – Englisch: „Auld Lang Syne". Ich weiß nicht mehr, wer uns es beibrachte und schon gar nicht, was er oder sie sich dabei gedacht haben mag. Aber ich erinnere mich genau, dass wir es oft sangen, im Kreis aufgestellt und einander an den Händen haltend, und uns dabei redlich bemühten, den schottischen Versen von Robert Burns einen Sinn abzuringen. Was um alles in der Welt verstand ich denn von Zeilen wie „And surely, ye'll be your pint stowp! / And surely I'll be mine! / And we'll take a cup o' kindness yet, / For auld lang syne"? Das konnte für deutsch-jüdische Kinder, die das Ende des Krieges in der Schweiz abwarteten, doch nur ein Buch mit sieben Siegeln sein. Kürzlich habe ich auf einer Robert-Burns-Website nachgesehen und dabei gelernt, dass „be" „bezahlen" heißt, ein „pint stowp" ein Bierseidel und das „auld lang syne" soviel bedeutet wie „lang ist's her". Aber irgendwie kapierten wir auch damals, worum es in dem Lied ging. Aufgrund meiner frühesten Erlebnisse habe ich immer Angst, dass derjenige, den ich liebe, verschwinden wird. Obwohl eine Jecke nicht weint, kommen mir die Tränen, wenn ich am Bahnhof sehe, wie sich mir völlig unbekannte Menschen von einander verabschieden. Also rührt mich die Sentimentalität und Nostalgie von „Auld Lang Syne" zutiefst an.

Aus meiner Schweizer Zeit sind mir eine ganze Zahl von Schlafliedern in Erinnerung geblieben. Als ich für die kleineren Kinder verantwortlich war, war ich diejenige, die sang, nicht die, die müde lauschten. So das verspielte „Bona nox" zu vier Stimmen in fünf Sprachen, Musik und Verse von Mozart. Das werde ich schön verunstaltet haben! Auf der anderen Seite das wunderschöne und verstörende „Schlaflied für Mirjam" von dem österreichischen Juden Richard Beer-Hofmann gedichtet, von Carl Orff vertont. Herr Bernsohn, ein gelehrter

Mann, der unserem Heim für kurze Zeit vorstand, brachte es uns bei:

Schlaf mein Kind, schlaf, es ist spät –
Sieh wie die Sonne zur Ruhe dort geht.
Hinter den Bergen stirbt sie in Rot.
Du, weißt nicht von Sonne und Tod.
Wendest die Augen zum Licht und zum Schein.
Schlaf, es sind so viel Sonnen noch dein.
Schlaf mein Kind, schlaf ein.

Schläfst du Mirjam, Mirjam mein Kind?
Ufer nur sind wir und tief in uns rinnt
Blut von Gewesnen, zu Kommenden rollts.
Blut unsrer Väter voll Unruh und Stolz.
In uns sind alle, wer fühlt sich allein?
Du bist ihr Leben, ihr Leben ist dein.
Mirjam mein Leben, mein Kind, schlaf ein.

Beer-Hofmann dichtete diese Zeilen 1893, als seine Tochter Mirjam geboren wurde. Lang vor den Nazis und Beer-Hofmanns Emigration in die Schweiz und später nach Amerika. Dennoch lebt das Gedicht von den Unwägbarkeiten der jüdischen Geschichte und dem Vorausahnen von Tod und Finsternis. Mir ist das Lied mein ganzes Leben lang nicht aus dem Kopf gegangen. Trotzdem habe ich es nie mehr gesungen, nachdem ich die Schweiz verlassen hatte. Nicht einmal meiner Tochter Miriam habe ich es vorgesungen, denn wenn ich auch Trost darin finden kann, dass wir alle, die waren und alle, die sein werden, in uns tragen, so kann ich nichts Tröstliches daran finden, dass wir all deren Unruhe auch in uns tragen. Für mich ist dies ein Schlaflied nur dem Namen nach. Hingegen erahnt es, was auf das jüdische Volk zukommen sollte.

Wie schon gesagt, machte uns unsere ungewisse Zukunft mit am meisten zu schaffen. Wir dachten nicht im Traum daran, dass Deutschland den Krieg gewinnen könnte – dieser Gedanke war einfach zu grauenhaft – aber was sollte aus uns werden nach dem Sieg der Alliierten? Wo sollten wir hin? Die Schweizer würden uns nicht behalten. Und Familien, zu denen wir zurückkehren konnten, hatten wir auch nicht. Nach einigen Jahren in Heiden, etwa gegen Ende 1941, erhielt ich keine Briefe von meinen Eltern mehr. Später erfuhr ich, dass sie nach Lodz deportiert worden waren, wo ein Ghetto eingerichtet worden war wie in anderen jüdischen Städten auch. Heute weiß ich, dass sie sehr wahrscheinlich in Auschwitz ermordet wurden, wohin die meisten Juden aus dem Lodzer Ghetto verbracht wurden. Doch die Gewissheit, dass meine Eltern umgebracht worden waren, verankerte sich nur sehr langsam in meinem Bewusstsein. Am Ende des Krieges wurden Namenslisten der Überlebenden der Ghettos und Todeslager veröffentlicht. Diese wurden uns Kinderheimkindern umgehend vorgelesen. Mit angehaltenem Atem lauschten wir nach einem vertrauten Namen. Umsonst. Erst viele Jahre später, als Listen nicht nur derjenigen, die überlebt hatten, sondern auch derjenigen, die gestorben waren, veröffentlicht wurden, erfuhr ich, was meinem Vater, meiner Großmutter, meinen Großeltern mütterlicherseits widerfahren war: Hinter jedem ihrer Namen stand „verstorben“. Auf einer anderen Liste fand ich den Namen meiner Mutter: „verschollen“.

Während meiner späteren Zeit in Heiden begegnete mir ein Lied, das viel von der Hoffnungslosigkeit und Orientierungslosigkeit in sich barg, die ich in mir fühlte. Ich weiß nicht mehr, wer mir das Lied beibrachte – vielleicht Ignatz Mandel – und ich habe auch nie herausfinden können, woher das Lied stammte. Manchmal beim Schreiben dieses Buches glaubte ich auf der richtigen Spur zu sein. Ausgedacht habe ich mir das Lied nicht, denn meine bereits erwähnte enge Freundin Ilse, die mit mir im Kinderheim war, erinnert sich genauso deutlich an das Lied. Über die Jahre habe ich es wohl viele tausend Mal vor mich hin gesungen:

Jeder Mensch auf der Welt
Hat sein eignes Land ...
Nur ein Volk auf dieser Welt
Hat kein Heimatland.
Jeden Tag steht vor ihm
Die ewige jüdische Frage
„Wohin, Jude,

Wer auf dieser Welt will dich haben?"
Wo kannst du sicher sein?
Wo wirst du nicht grämen
Um den nächsten Tag?
So groß die Welt ist.
Für dich ist sie klein.
Eine Tür steht immer offen,
Für dich aber ist sie verschlossen.
Du bist ein Jude.

Ganz selten findet man jüdische Liedern diesen Inhalts. Mir sind zwei andere begegnet, die diesem sehr ähnlich sind, allerdings beide auf Jiddisch. „Jiddischer Wanderer" heißt das eine, aus der Feder des Komponisten, Dichters und Dramatikers Abraham Goldfaden (er wurde in Russland geboren), geschrieben vor 1908. Das Lied beklagt die aufgezwungene Heimatlosigkeit der Juden in dieser Welt. Darin finden sich die Zeilen: „A Jid bist du" und „Nicht kein Platz fer dir". Ursprünglich komponierte Goldfaden das Lied für seine Operette *Dr. Almasada oder Die Juden von Palermo*. Doch das Lied machte sich sozusagen selbstständig. Offenbar war es für die Juden, die um die Wende zum 20. Jahrhundert nach Amerika auswanderten, von besonderer Bedeutung. Sie nutzten eine englische Übersetzung des Liedes, um sich mit der Sprache ihrer neuen Heimat vertraut zu machen. Bob Freedman, Kurator des nach ihm und seiner Frau Molly benannten wunderbaren Archivs für jiddische Musik an der Universität von Pennsylvania, erinnert sich, dass seine Schwiegermutter dieses Lied aus Bessarabien aus dem Jahre 1919 kannte. Sozusagen als eine Antwort auf die Pogrome in der Ukraine. Meinem besonderen Lied noch ähnlicher ist „Wo ahin sol ich geh'n?", ein Lied, dessen Musik Oscar Strock zugeschrieben wird. Der Text stammt von S. Korntayer, einem jiddischen Schauspieler, der im Warschauer Ghetto ums Leben kam.

Der Jid wert gejogt und geplogt
Necht sicher iz far im jeder tog …
Keyn hofenung, on a sichern haint.
Wo ahin sol ich geh'n,

Wer kon enfern mir?
Wo ahin sol ich geh'n,
As varschlossn jede tir?

Diese Klage wurde überall in den Ghettos in Osteuropa während des Krieges und in den Lagern der Displaced Persons nach Kriegsende angestimmt. Sie drückte die Sorgen des Holocaust und die Hoffnungen des Zionismus gleichermaßen aus. Aber es ist auch nicht das Lied, das ich suche. Die Melodie, die mir vertraut ist, ist eine andere als die der anderen beiden Lieder und natürlich war das Lied, an das Ilse und ich uns erinnern, nicht auf Jiddisch, das wir beide damals nicht beherrschten, sondern auf Deutsch. Vielleicht hatte Ignatz, der ursprünglich aus Polen stammte, Vorlagen aus dem Jiddischen übersetzt. Wahrscheinlich werde ich es nie herausfinden. Was ich aber wohl weiß, ist dass die Hoffnungslosigkeit, die ich verspürte, so übermächtig war, dass ich ihr nur in einem Lied Ausdruck verleihen konnte:

Nur ein Volk auf dieser Welt
Hat kein Heimatland
Jeden Tag steht vor ihm
Die ewig jüdische Frage:
„Wohin, Jude?"

Der Krieg war endlich vorbei. Nach Deutschland zurück zu kehren, kam überhaupt nicht in Frage. Um in ein anderes westeuropäisches Land einreisen zu können, musste man dort Verwandte haben – bei mir nicht der Fall. Und Amerika erschien mir wie ein Shirley-Temple-Traum: schillernd, verführerisch und weit jenseits all meiner Möglichkeiten.

Begleitet von einem der Wartheim-Erwachsenen stellte ich mich in einer Institution vor, die Kindergärtnerinnen ausbildete. Am Tag vor meinem Vorstellungsgespräch blätterte ich ausführlich in meinem Schweizer Kinderliederbuch. Ich tat dies nicht, weil ich die Lieder vorsingen wollte – mir war schon damals klar, dass ich keine schöne Stimme hatte – sondern weil ich mir dachte, die Kenntnis dieser Lieder würde beweisen, wie sehr ich doch hierher gehörte. Ob ich diese Kenntnis tatsächlich einsetzen konnte, weiß ich nicht mehr. Immerhin, ich wurde zu der Ausbildung zugelassen.

Denke ich heute an meine Jahre in der Schweiz zurück, so weiß ich, dass wir dort nicht willkommen waren. Mir war immer bewusst, dass ich dort nicht bleiben konnte. Vielleicht war die Tür nicht ganz so fest verschlossen wie ich dachte. Immerhin wollte die Schule meine Ausbildung bezahlen und man stellte mir sogar ein kleines Taschengeld in Aussicht. Hätte ich mich dort angemeldet, hätte ich vielleicht auch eine Möglichkeit gefunden, in der Schweiz zu bleiben. Ich hätte einen Schweizer geheiratet und wäre heute eine kleine dicke Lehrerin im Ruhestand, immer noch eine Karola, die mittlerweile längst Schweizerdeutsch spräche, wenn auch nicht ganz schweizerisch dächte. Auf alle Fälle wäre niemals Dr. Ruth aus mir geworden – aber solche Ideen kamen mir damals sowieso nicht in den Kopf. Eines wäre mir gewiss gewesen: ein sicheres Leben, so wie ich es aus meinen Frankfurter Kindertagen kannte.

Warum also meldete ich mich nicht in dieser Schule an?

Irgendetwas in mir hielt mich davon ab. Tief in meinem Herzen wusste ich, dass mein Leben in Frankfurt unwiederbringlich vorüber war. Mir war schmerzlich bewusst, wie wenig ich hatte, das mich daran erinnerte. Sechs Jahre zuvor hatte ich meine Lieblingspuppe von zu Hause mitgenommen, sie aber einem Mädchen im Zug geschenkt, der uns in die Schweiz brachte, um sie ein wenig aufzuheitern. Ich besaß noch einen Waschlappen, auf den meine Initialen aufgedruckt waren (andere Kinder in Wartheim hatten die luxuriösere Version mit aufgestickten Buchstaben) und einige wenige Familienphotos, die ich wie meinen Augapfel hütete. Es tat mir leid, dass ich nicht mehr von Zuhause hatte, noch nicht einmal ein Gebetbuch meiner Eltern. Aber die Melodien, die ich jede Woche in der Synagoge gehört hatte und die am Schabbat gesungen wurden, banden mich ganz eng an die Erinnerung an meinen Vater, meine Mutter und meine Großmutter. Durch die Musik lebten sie für mich weiter. Mir wurde bewusst, dass ich die einzige Jüdin in der Kindergärtnerinnenausbildung sein würde. Heute glaube ich, dass die so tief in mir verwurzelten Synagogengesänge mir deutlich machten, dass ich in eine jüdisch geprägte Umgebung gehörte um wirklich weiter zu kommen. Ich würde gemeinsam mit den meisten Kindern aus Wartheim – mittlerweile waren wir alle Teenager –, mit denen ich die vergangenen sechs Jahre verbracht hatte, in eine ungewisse Zukunft aufbrechen. Wir wollten in einem Land leben, von dem ich so gut wie nichts wusste. Meine persönliche Antwort auf die „ewig jüdische Frage" stand fest: Ich würde nach Palästina gehen.

III.

Unsere Hoffnung ist nicht verloren

Die Betreuerinnen und Betreuer des Wartheimer Kinderheimes waren keine Zionisten. Realisten aber waren sie allemal. Sie nahmen an, dass die meisten von uns nach Ende des Krieges nach Palästina gehen würden, das damals noch britisches Protektorat war. Daher luden sie Vertreter der Jugendalija ein, die junge Menschen zur Emigration bewegen wollte. Alija, Hebräisch für Aufstieg – so hieß und heißt bis zum heutigen Tag die Einwanderung nach Israel. (Das ist sowohl symbolisch als auch buchstäblich zu verstehen: Die Straße vom Flughafen bei Tel Aviv nach Jerusalem führt steil bergauf; noch heute steigen viele Reisende aus dem Auto aus, ich übrigens auch, und gehen die letzten paar Hundert Meter nach Jerusalem zu Fuß. Erster Anlaufpunkt in Jerusalem für mich und viele andere ist die Klagemauer. Ich schiebe ein Zettelchen in die Mauerritzen und bitte um Frieden und Gesundheit.)

Recha Freier, die Frau des Oberrabbiners von Berlin, hatte 1933 die Jugendalija gegründet. Sie wollte jungen Menschen helfen, die durch die antisemitischen Gesetze der Nazis entrechtet worden waren. Ich hatte niemals von der Organisation gehört, als ich noch in Deutschland lebte. Das war nicht weiter verwunderlich, da ich noch klein war und meine Eltern keine Zionisten waren. Die Jugendalija arbeitete sehr effektiv. Ihre Leitung in Palästina lag bei Henrietta Szold. Sie stammte ursprünglich aus Amerika, hatte dort der Jewish Publication Society vorgestanden. Zudem war sie Mitgründerin der Hadassa-WIZO, der zionistischen Frauenstudiengruppe. Die Jugendalija hatte ein weit verzweigtes Netzwerk geknüpft. Visa mussten beschafft werden, Transport, Unterkunft und Ausbildung für an die fünftausend deutsche Teenager organisiert werden, die vor dem Zweiten Weltkrieg nach Palästina gekommen waren. Die Jugendalija vermittelte den jungen Leuten eine landwirtschaftliche Ausbildung, um sie auf das Leben im Kibbuz vorzubereiten, und unterrichtete sie an den neu gegründeten Jugendalija Internaten. Nach dem Krieg brachte die Organisation, die mit der Hadassa-WIZO zusammenarbeitete, noch einmal 15 000 junge Menschen aus ganz Europa nach Palästina. Die meisten von ihnen waren Überlebende des Holocaust oder, wie ich, Waisen des Holocaust. Heute spielen die Dörfer der Jugendalija eine wichtige Funktion bei der Integration junger Zuwanderer. Zudem geben sie Tausenden von unterprivilegierten jungen Israelis eine zweite Chance.

Offensichtlich beeindruckten mich die Vertreter der Jugendalija zutiefst. Schon 1940 erwähnte ich in einem Brief Theodor Herzl, den Vater des Zionismus. Im folgenden Jahr notierte ich in mein Tagebuch, dass wir ihm zu Ehren eine „Feier" ausgerichtet hatten. Im September 1942 griff ich wieder zur Feder und verfasste einen Aufsatz. Ich ließ meiner Fantasie freien Lauf darüber, was „Nach dem Krieg" geschehen würde. Ich beschrieb meine Ankunft in Palästina: „Meine Großeltern mütterlicherseits und meine Großmutter väterlicherseits wohnen bei Verwandten in Tel Aviv. Meine Eltern, ich und mein Onkel, der seit zwei Jahren hier lebt, werden uns in einem Kibbuz in der Nähe niederlassen. Mama, ihre Brüder und Schwestern gewöhnen sich schon wieder an die Arbeit auf dem Bauernhof. Papa hat auch eine gute Stelle gefunden. Ich werde im Kinderhaus des Kibbuz die Kleinen im Kindergarten betreuen. Wir haben ein Häuschen ganz für uns allein.“

Doch noch drei Jahre sollten vergehen, bis der Krieg zu Ende war. Während dieser Zeit war das Kinderheim natürlich eine Brutstätte zionistischer Bekehrung. Die Vertreter der Jugendalija verstanden es ausgezeichnet, Begeisterung zu schüren. Sie wussten genau, wie man Jugendliche packen musste, die nach Idealen und Gefühlen geradezu hungerten. Dass die meisten Ausbilder gut aussehende junge Männer waren, tat ihrer Mission keinerlei Abbruch. Im Gegenteil. Ich verknallte mich in einen von ihnen namens Avram. Ursprünglich stammte er aus Belgien. Es störte mich nicht, dass er einen Buckel hatte. Ich fand ihn toll mit seinen schwarzen, feurigen Augen – und außerdem hatte er eine wunderschöne Gesangsstimme. In pubertärer Verwirrung befragte ich mein Tagebuch: „Jetzt will ich ganz ehrlich mit mir selbst sein. Ist es nur seine Person oder die ganze Philosophie der Bewegung, die mich anzieht? Oder gefällt er mir, weil ich alles Neue mag?“

Musik weiß Menschen zu begeistern. Die Ausbilder brachten uns viele zionistische Lieder und Tänze bei. Statt der traurigen Klagen über die Heimatlosigkeit der Juden, mit denen ich so vertraut war, lehrten uns Avram und die anderen Lieder, die fröhlich von unserem Platz in der Welt kündeten. „Wohin, Jude?“ Auf uns wartete eine Heimat, so versprachen sie uns. Hier wären wir willkommen und würden zu großartigen jungen Männern und Frauen heranwachsen. Wir berauschten uns an der Hoffnung und der Musik gleichermaßen.

Alle diese Lieder waren in modernem Hebräisch abgefasst. So wurden wir mit der Sprache vertraut. Als wir schließlich nach Palästina kamen, sprachen wir sie zwar holprig, aber wir konnten mit den schon eingesessenen Siedlern und mit unseren ebenfalls gerade neu angekommenen Kameraden singen und tanzen. Natürlich erinnere ich mich genau an all diese Lieder. „Artza Alinu", eine eingängige und rhythmische Melodie, hieß uns im Land willkommen: Hier gibt es Arbeit zu tun, aber ein jeder von uns wird dafür belohnt werden:

> Wir sind ins Land Israel gekommen,
> Wir sind ins Land Israel gekommen.
> Wir haben schon gepflügt und gesät,
> Aber geerntet noch nicht.

Die Musik zu „Vetehezena Eynenu" stammt von Nissan Cohen Melamed, der Text erzählt von der Hoffnung auf Heimkehr nach langer Wanderschaft: „Mögen wir den Tag erleben, an dem Er nach Zion voll Gnade heimkehrt". Erklingt Emanuel Amirans „Ki Mitzion" möchte man gleich aufspringen und lostanzen. Die Worte beruhen auf der Bibel: „Von Zion wird ausgehen die Lehre, und das Wort des Ewigen von Jerusalem."

Schon als Kind hatte ich Lieder geliebt, in denen die Sänger auch Rollen zu spielen hatten. So gefiel mir natürlich „Ascheawtem Maim" („Und ihr werdet Wasser schöpfen"). Schlomo Hoffman komponierte das Lied, das auf dem Text Jesaja 12:3 basiert. Beim Singen tanzten wir Hora und wieder konnte ich, so wie ich mich aus Frankfurt daran erinnerte, in einem Kreis Musik und Spiel miteinander verbinden. Wir machten ein paar Schritte zur Mitte zu, dann schwangen wir nach links und nach rechts, gerade so, als ob wir Wasser aus der Erde schöpfen würden:

> Und mit Wonne werdet ihr Wasser schöpfen
> Aus den Quellen des Heils ...
> Wasser mit Wonne
> Wasser, Wasser mit Wonne ...

In diesen Liedern fand ich das Palästina meiner Fantasie: ein Land, wo Milch und Honig flossen, wo das Wasser süß und reichlich strömte und der Boden fruchtbar war. Bei meiner Ankunft sah das alles ganz anders aus – aber ich greife vor. Noch war ich in der Schweiz und sang die hebräischen Weisen aus voller Kehle. Die Texte, die mir besonders gefielen, schrieb ich in mein Tagebuch.

Der Großteil der fünfzig Heidener Flüchtlingskinder ging nach Palästina, der Rest zu Verwandten in andere Länder. Unsere Gruppe verließ Wartheim am 7. Juli 1945, einen Monat bevor der Krieg im Pazifik zu Ende war. Zunächst nahmen wir den Zug nach Bex, einem kleinen Ort nicht fern von Montreux. Hier bereiteten wir uns zwei Monate auf unsere große Reise vor. Dann fuhren wir nach Marseille, um uns einzuschiffen. Wieder einmal eine lange Zugfahrt und wieder vertrieben wir uns die Zeit mit Musik. Ich erinnere mich genau, dass wir „Ki Mitzion" sangen, und ich weiß auch noch, dass ich, genau wie sechs Jahre zuvor, sozusagen die Vorsängerin unserer Gruppe war. Nur diesmal weinte keiner.

Am Strand von Marseille waren Zelte für uns aufgestellt worden. Wir verbrachten zwei Nächte dort, dann stiegen wir in einen Zug nach Toulon. Hier gingen wir an Bord des Schiffes, das uns nach Palästina bringen sollte. Das Schiff war voll gepackt bis oben hin – sechshundert Menschen waren an Bord. Wie viele andere schlief ich an Deck. Es war Anfang September, das Wetter war mild und noch niemals hatte ich die Sterne so hell funkeln sehen. Wir waren sechs Tage unterwegs und in meiner Erinnerung sangen wir nahezu ununterbrochen unsere zionistischen Lieder und tanzten. Doch unsere aufgekratzte Stimmung erhielt einen Dämpfer, als wir in Haifa eintrafen. Wir mussten in einem Lager namens Atlit warten, während die Briten unsere Papiere überprüften. Wir hatten die Bilder der Juden in deutschen Konzentrationslagern im Kopf. Wir waren entsetzt, dass wir nun hier in Erez Israel, im Lande Israel, eingesperrt waren.

Glücklicherweise durfte ich nach ein paar Tagen das Lager verlassen. Zusammen mit etwa 35 anderen Neuankömmlingen machte ich mich in einem Konvoi von mit Planen bedeckten Lastwagen auf den Weg in einen Kibbuz namens Ajanot, der unser neues Zuhause werden sollte. Ajanot lag nahe des Städtchens Nahalal, nicht weit von Haifa. Bei der Ankunft erlebte ich die nächste böse Überraschung. Der Kibbuz wurde hauptsächlich von polnischen Juden geleitet. Verständlicherweise hatten sie eine tiefe Abneigung allem gegen alles, was deutsch war. Das galt auch für uns. Sogleich verlangten sie von uns, dass wir unsere deutsch klingenden Vornamen ablegten und neue Namen annahmen. Die würden besser zu dem Land passen, in dem wir nun lebten. Jetzt war ich auf einmal nicht mehr Karola, sondern Ruth. Ich behielt Karola aber als meinen mittleren Namen, denn gegen alle Hoffnung hoffte ich, dass meine Eltern noch am Leben waren. Wenn sie den Namen Ruth K. Siegel sähen, würden sie wissen, dass ich das war. Noch heute nenne ich mich bei beruflichen und offiziellen Anlässen Ruth K. Westheimer.

Wie in den meisten anderen Kibbuzim auch wurde in Ajanot hauptsächlich Landwirtschaft betrieben. Wir bauten Oliven, Orangen, Äpfel, Weintrauben, Grapefruit und Tomaten an. Auch Kühe wurden gehalten und obwohl die Landschaft und das Wetter so ganz anders waren, erinnerte mich Ajanot angenehm an den Bauernhof meiner Großeltern in Wiesenfeld, wo ich als kleinen Mädchen jeden Sommer verbracht hatte. Aber das Leben im Kibbuz war schwer – in körperlicher und oft auch in seelischer Hinsicht, härter als mein Leben in Heiden. Wir schliefen zu viert in einem Zelt; das mag sich romantisch anhören, war aber alles andere als das, besonders, wenn es regnete. Und auf was für Matratzen schliefen wir? Auf Stroh – genau wie die unerschrockenen Tiroler in dem Lied der Hausierer in unserem Hof in Frankfurt, dem meine Großmutter und ich gelauscht hatten. Eins ist sicher: ein Federbett ist gemütlicher.

Wir hatten zwar genug zu essen, aber manches war doch knapp. Milch zum Beispiel gab es nur einmal in der Woche. Selbst die Orangen, für die das Land berühmt war, waren nicht besonders gut; die besten gingen nämlich nach Übersee. Die Gemeinschaftsidee des Kibbuz ließ den Besitz von Geld oder persönlichen Besitz nicht zu. Wir bekamen alle zwei Sätze Kleidung: eine weiße Bluse und ein Paar Hosen für den Samstag, ein Hemd und ein Paar Shorts für die Arbeit während der Woche. Und gearbeitet wurde hier wirklich! Anfangs pflückte ich Tomaten und Oliven auf den Feldern. Ich spürte förmlich, wie ich half, das Land aufzubauen. Dann wurde ich zur Hausarbeit eingeteilt. Zwei Stunden Küchendienst, zwei Stunden Haushaltskram, zwei Stunden Toiletten putzen, und so weiter, bis die acht Arbeitsstunden des Tages vorüber waren. War ich denn eigentlich nach Palästina gekommen, um hier Hausmädchen zu sein? Meine Lieder hatte ich aus Deutschland und der Schweiz mitgebracht und während ich putzte sang ich die traurigsten davon vor mich hin. Am Ende des Tages aber kamen wir alle zusammen und sangen „Ba'a M'nucha" („Ruhe kehrt ein"). Die Tagesarbeit war getan und nun begann die wohlverdiente Abendruhe. David Sambursky schrieb das Lied:

Nun ruhen die Müden
Und der Arbeiter rastet.
Blasse Nacht liegt über
Den Feldern des Tales von Jesreel
Hier unten der Tau und über uns der Mond,
Von Beth-Alpha bis Nahalal.

Wie anders ist diese Nacht als die anderen Nächte
Die Stille ist eingekehrt in Jesreel
Schlafe, Tal, du schönes Land,
Wir wachen über dich.

Doch die harte Arbeit war nur eine der fast unheimlichen Ähnlichkeiten zwischen Heiden und Ajanot. Wie in der Schweiz wurden wir auch im Kibbuz als Menschen zweiter Klasse behandelt. Wie gesagt, die alteingesessenen Kibbuzniks waren meist polnische Juden. Sie verachteten uns. Sicher auch deshalb, weil die deutschen Juden – zugegeben von Überheblichkeit nicht ganz frei – sie immer verachtet hatten. Dazu kam, dass ihnen der Klang des Deutschen verhasst sein musste, der Sprache, in der wir uns unterhielten. Wir hatten kaum eine Wahl, denn abgesehen davon, dass sie uns besonders hart arbeiten ließen – dass ein siebzehnjähriges Mädchen den ganzen Tag Toiletten putzen muss, ist wirklich nicht in Ordnung – brachten sie uns auch kein Hebräisch bei. Wie auch in Heiden lernten wir hauptsächlich durch die Lieder unsere neue Sprache. Auch hier eine Parallele zu Heiden: Wir waren auf uns selbst gestellt und Gesang und Tanz waren der Kitt, der uns zusammen hielt.

Das war unter den Juden im Palästina dieser Jahre kein Einzelfall. Die Siedler, die das Land aufbauen wollten, wussten von Anbeginn, dass Musik Solidarität weckt. Als Land von Emigranten hatte Erez Israel natürlich keine ausgeprägte Volksliedtradition, wie ich sie aus Deutschland und der Schweiz kannte, deren Texte und Melodien von Generation zu Generation weiter gegeben wurden. Selbst Iwrit, die Landessprache, wurde wieder belebt. Über Jahrhunderte war sie allein zum Gebet genutzt worden, niemals in der alltäglichen Unterhaltung. So setzte sich also eine ganze Generation von Komponisten und Dichtern hin und schrieb einen ganzen Kanon ganz neuer hebräischer „Volkslieder“, die die Arbeit, die Heimat, die Erde, die Landschaft Galiläas, das Land zum Thema hatten. Natan Schahar hat verschiedene Anthologien und Sammlungen von Liedern – Schironim im Hebräischen – untersucht, die bis 1949 veröffentlicht wurden. Er hat eine Liste von 4073 Liedern erstellt, von denen sage und schreibe drei Viertel von einer Handvoll von Komponisten, gerade 32 an der Zahl, verfasst wurde.[10]

Viele von ihnen sind als „Schirei Sochnut“ bekannt geworden, Lieder der Jewish Agency, benannt nach der Schirmgruppe, die Menschen half, nach Israel auszuwandern. Alle diese Agency-Lieder handeln von der Hoffnung – sie ist so stark, dass man sie fast mit Händen fassen kann – dass ein jüdischer Staat gegründet werden wird. Viele dieser Lieder hatten wir noch in der Schweiz gelernt; „Artza Alinu“, „Ki Mitzion“ und „Ascheawtem Maim“ habe ich schon erwähnt. Jetzt, im Kibbuz, waren diese Lieder meine Lebensmelodie.

Jeder, der sich an diese Zeit erinnert, liebt diese alten Lieder. Vor kurzem nahm ich an Feierlichkeiten zur Staatsgründung Israels teil. Danach besuchte ich einen Club, wo ein Sänger diese Lieder sang. Das war ein herrlicher Abend! Normalerweise, wenn ich einen Israeli bitte,

[10] „The Eretz Israeli Song and the Jewish National Fund“, *Studies in Contemporary Jewry* 9 (1993), 78-91.

„Sing doch mal die Jewish Agency Lieder“, ernte ich ein mitleidiges Lächeln. Die Lieder gelten mittlerweile als völlig verstaubt. Damals aber waren sie für mich – wie für alle anderen auch – voller Leben. In den Liedern ging es um nichts anderes als in denen, die ich in der Schweiz gesungen hatte: Um Patriotismus und die Liebe zum Land. Es gab aber einen entscheidenden Unterschied: In der Schweiz war mir immer bewusst gewesen, dass ich mir beim Singen dieser Lieder etwas vormachte. Egal, wie laut ich sang, ich konnte nicht übertönen, dass diese Lieder nicht die meinen waren, oder es in ihnen um mich ging. Nun aber glaubte ich an diese Lieder mit jeder Faser meines Daseins.

Der Tanz war genauso wichtig wie der Gesang. Volkstanz spielte für die Juden, die nach Palästina gekommen waren, stets eine große Rolle. Denn hier wurden Begeisterung und Gemeinsinn gepflegt. Man muss weder ein hervorragender Tänzer sein noch eine ausgebildete Stimme haben, um bei den gemeinschaftlichen Festen mittun zu können. Jeder ist dabei, singt die gleiche Melodie, macht die gleichen Schritte. Eine offizielle Volkstanzbewegung wurde 1944 ins Leben gerufen. Ihr Höhepunkt war ein riesiges Festival in Dahlia in den Ephraimbergen im Jahre 1947. Fünfhundert Tänzer traten an, 20 000 Zuschauer wurden gezählt – eine enorme Zahl, wenn man bedenkt, wie groß die jüdische Bevölkerung damals war.

Die Tänzer, die bei dem Festival auftraten, erhoben den Tanz zur Kunst. Aber in meinem wie in jedem anderen Kibbuz des Landes ging es beim Volkstanz um alles, nur nicht um Kunst: Erholung, Beisammensein, Ertüchtigung, den Ausdruck nationaler, gemeinschaftlicher und kultureller Werte. Ich war voller Begeisterung dabei. Als Sängerin war ich nach wie vor völlig unbegabt. Wahrscheinlich sang ich so falsch, dass alle anderen Mühe hatten, die Melodie zu halten. Aber tanzen konnte ich. Jeden Freitagabend, nachdem die Arbeit getan war, tanzten wir bis zum Morgengrauen. Walzer oder andere Paartänze kamen nicht in Frage, die galten als zu bürgerlich. (Allerdings erinnere ich mich mit größtem Vergnügen daran, dass wir einmal die Regeln durchbrachen, als zum Krakowiak aufgespielt wurde, dem polnischen Paartanz, der spätestens im frühen 19. Jahrhundert belegt ist.) Meist aber tanzten wir Hora. Heute kennt jeder diesen Tanz. Sei es von Hochzeiten oder Bar Mizwot – oder wenigstens aus Filmen über Hochzeiten und Bar Mitzwot. Doch für uns war Hora etwas völlig neues, als in der Schweiz die Leiter der Jugendalija uns den Tanz beibrachten. Hora ist einer von vielen europäischen Kreistänzen, die die Zeiten überdauert haben. Wahrscheinlich stammt der Tanz aus Rumänien. Als die Hora nach Israel/Palästina kam, war er längst nicht mehr besonderen Anlässen vorbehalten. Wann immer ein paar Leute zusammenkamen und sich amüsieren wollten, tanzten sie Hora. Der Tanz wurde auch technisch verfeinert: der Kreis dreht sich während die einzelnen Tänzer sich im Kreuzschritt fortbewegen. Das mag sich kompliziert anhören, aber jeder, wirklich jeder, sei er auch noch so rhythmisch unbegabt, kann Hora nicht nur tanzen, sondern gut tanzen. Ein weiterer Vorteil war, dass Hora eine wirklich preiswerte Art war, sich zu amüsieren. Man brauchte nicht mehr als einen Raum, einen Akkordeonspieler, oder auch nur einen, der der Mundharmonika Töne entlocken konnte. Ich gebe mein Wort: Jeder junge Mann (und es waren immer junge Männer), der eines dieser Instrumente beherrschte, war ein Held.

Das Tanzen am Freitagabend beförderte keineswegs nur das Solidaritätsgefühl im Kibbuz. Es beförderte auch die Beziehungen der Kibbuzniks untereinander. Entweder fuhren wir am Freitagabend zu einem anderen Kibbuz oder wir luden einen Nachbarkibbuz zu uns ein. Ich sehe die Lastwagen vor mir, mit denen wir uns auf den Weg machten. (Natürlich hatten wir weder Pkws noch Kombis.) Auf der Ladefläche standen Bänke, auf denen wir Platz nahmen. Hatten wir erst einmal angefangen zu tanzen, ging es stundenlang weiter. Ich war verzückt vom Rhythmus, den Melodien and dem Umherwirbeln, soweit bis ich fast in Trance war. Da konnte ich beinahe all mein Leid vergessen – alle Menschen, die ich geliebt hatte, waren tot, die tägliche Schufterei, die Tatsache, dass ich eine Fremde in einem fremden Land war, dessen Sprache ich nicht richtig verstand. So tanzte ich bis in den frühen Morgen, schlief ein paar Stunden – und putzte wieder Toiletten. Soviel zum Schabbat als Tag der Ruhe! Eines weiß ich: Wem es gelänge, die Kraft der Jugend auf Flaschen zu ziehen, der würde mehr Geld verdienen als Bill Gates und Rupert Murdoch zusammen.

Tanzen am Freitagabend – das wäre in Frankfurt oder in Heiden undenkbar gewesen. Allein dies zeigte mir, wie sehr sich meine Lebensumstände verändert hatten. Der Kibbuz war nicht sehr religiös orientiert, schon gar nicht orthodox. Zum ersten Mal überhaupt lebte ich in einer weltlichen Umgebung. Am Freitagabend wurde weder vor dem Brechen des Brotes noch nach dem Essen gebetet. Bloß „Schabbat Ha Malka" („Königin Schabbat") sangen wir, ein ernstes Gebet zu fröhlicher Musik von Yoel Valbe, mit Worten von S. Bass: „Komm, komm, Gesegneter,/ Tag des Schabbat, Tag der Ruhe/ Kehr bei uns ein, Königin Schabbat." Und dann gingen wir tanzen.

Nie besuchten wir die Synagoge. Wir begingen zwar die jüdischen Feiertage, aber sie hatten eher eine weltliche denn eine religiöse Bedeutung. Bei Pessach ging es mehr um die Wiederkehr des Frühlings denn um die biblische Geschichte des Auszugs der Kinder Israels aus Ägypten. Schon zwei Wochen nach meiner Ankunft in Palästina schrieb ich in mein Tagebuch: „Heute war Jom Kippur. Ich habe gefastet. Nicht aus Überzeugung, sondern um meiner Eltern Willen. Ich weiß, sie wären unglücklich, wenn ich meine Religion missachten würde." Ich war in einer Welt aufgewachsen, die vollständig von Gott und der Religion durchdrungen war. In meiner jetzigen Umgebung aber schien es Gott nicht wirklich zu geben. Das zeigte sich auch in der Musik. Ich war mit den Synagogengesängen vertraut, die mein Vater gesungen hatte. Sie erzählten von Gott und Seiner Macht. Jetzt sangen wir Lieder über den Aufbau des Landes oder über die Arbeit auf dem Feld. Eines war klar: Gott war so weit, so gut. Ging es aber darum, das Land zu pflügen oder Häuser zu bauen, war Er nur bedingt einsatzfähig.

Nach einem Jahr ging ich aus Ajanot fort. Ich wollte immer noch Kindergärtnerin werden. Ich hatte von einem Kibbuz gehört, der für diesen Beruf ausbildete. Einzige Schwierigkeit: Der Kurs kostete Geld – und das hatte ich nicht. Ich tüftelte einen Plan aus. Ein Jahr würde ich umsonst in der Küche arbeiten, dafür würde ich ein Jahr Ausbildung erhalten. Das erste Jahr Küchenarbeit war noch nicht vorüber, als sich etwas anderes, nein, etwas Wunderbares, auftat. Ich stand in Verbindung zu einer Frau namens Liesel Engel, eine entfernte Cousine meiner Mutter, die vor dem Krieg nach Jerusalem ausgewandert war. Durch sie machte ich die Bekanntschaft eines sehr lieben Ehepaars namens Goldberg. Frau Goldberg nahm sich meiner an und besorgte mir nicht nur einen Platz, sondern auch ein Stipendium – in einem Kindergärtnerinnenseminar in Jerusalem!

Ich zog sofort nach Jerusalem. Und verliebte mich augenblicklich in die Stadt. Zunächst einmal war Jerusalem eine *Stadt*. Hier eröffnete sich eine neue Welt bislang unvorstellbarer, aufregender Möglichkeiten für eine junge Frau, die acht Jahre lang zwischen Bäumen, Bergen und Felder festgesessen hatte. Jerusalem war unter den Städten in Palästina einzigartig auch in der Hinsicht, dass hier eine gemischte Bevölkerung lebte: Juden, Araber und Christen. Alle nahmen für sich in Anspruch, dass diese Stadt ihr Heiligstes sei. Als ich die Hügel zur Stadt hinauffuhr, die Sonne ging gerade golden über den Gebäuden aus „Jerusalemstein" unter, spürte ich unmittelbar die Geschichte und Tradition. „Nächstes Jahr in Jerusalem" wünschen sich die Juden in aller Welt jedes Jahr zu Pessach – und ich war hier. Mit achtzehn Jahren hatte ich zum ersten Mal in meinem Leben ein Zimmer für mich allein. Ich zog in ein Wohnheim für junge Frauen. Bald hatte ich alle Hände voll zu tun: mit meiner Ausbildung, mit Teilzeitjobs als Kellnerin, Babysitter und Haushaltshilfe – und mit jungen Männern. Gemeinsames Singen und Tanzen wie in Ajanot gab es hier nicht. Aber trotzdem lagen zu dieser Zeit in Palästina die Melodien der Volkslieder in der Luft. Wo immer man mit anderen zusammenkam, es dauerte nicht lang und wir tanzten.

Liesel, die Verwandte meiner Mutter, war eine gebildete und kultivierte Frau. Einmal in der Woche besuchte ich sie zu Hause. Wir aßen ein Sandwich und unterhielten uns. Ich fand mich in einem wahren Jecke-Refugium wieder. Bisher hatte ich viele Leute kennen gelernt, die mir zu verstehen gaben, dass mein Deutschtum eine Schande sei. Liesel aber hielt eisern an dem fest, was ihr an der Kultur wertvoll erschien, in der sie den größten Teil ihres Lebens verbracht hatte. Ihre Wohnung hätte genauso gut in Frankfurt oder Berlin sein können. Auch, weil sie und ihr bereits verstorbener Ehemann hunderte von Schallplatten aus Deutschland mitgebracht hatten. Die Plattenregale nahmen eine ganze Wand ein. Ich hatte gar nicht gewusst, dass es so viel klassische Musik gab. Bei jedem Besuch lauschten wir mindestens einer Platte auf dem Grammophon. Mozart war unser Favorit – *Eine Kleine Nachtmusik* war schon in Heiden eines meiner Lieblingsstücke gewesen. Ebenso liebten wir die Lieder der Romantik. Beethovens Neunte Sinfonie erwischte mich wie ein Donnerschlag. Liesel war natürlich viel liebenswürdiger als das Fräulein Riesenfeld früher in Heiden. In einer Hinsicht aber ähnelten sich die beiden: Mir wurde von Anfang an klar gemacht, dass ich meinen Mund zu halten hatte, während wir Musik hörten. Andernfalls würde ich nicht wieder eingeladen werden. Da ich schon immer sehr mitteilungsbedürftig war, kostete mich dieses Schweigen größte Anstrengung. Aber ich wollte einfach wieder kommen dürfen. Nachdem die Musik endete, dufte ich Fragen stellen: natürlich meist zum Komponisten und seinem Liebesleben. Nach meinen Erfahrungen im Kibbuz, wo die älteren Bewohner aus Osteuropa alles ablehnten, was irgendwie deutsch war, genoss ich es sehr, der Musik dieser Komponisten zu lauschen und dabei zu lernen, dass man ihre Werke noch immer schätzen und lieben konnte. In der bürgerlichen Behaglichkeit von Liesels Wohnzimmer öffnete sich mir eine neue Welt. Meine Kibbuzkameraden wären entsetzt gewesen, hätten sie jemals davon erfahren. Doch diese Welt zog mich unwiderstehlich in ihren Bann. Ich träumte davon, selbst so ein Zimmer zu haben. Vielleicht eines Tages sogar einen Salon, wo sich Schriftsteller, Musiker und gebildete Menschen versammelten, so wie ich es von den Berliner Salons des 19. Jahrhunderts gehört hatte.

Seit April 1947 besuchte ich das Kindergärtnerinnenseminar. Im November beschlossen die Vereinten Nationen den Rückzug der Briten aus Palästina. Das Land sollte geteilt werden in einen jüdischen Staat, einen arabischen Staat und das internationale Jerusalem. Leider führte dies zu einem Guerillakampf zwischen Juden und Arabern. Als Idealistin und eine, die immer mitmischen muss, ging ich zur Hagana, der jüdischen Untergrundarmee. Nebenbei setzte ich meine Ausbildung als Kindergärtnerin fort. In meiner Hagana-Grundausbildung lernte ich unter anderem, wie man ein Maschinengewehr mit geschlossenen Augen auseinander nimmt und anschließend wieder zusammensetzt. Nach diesem Training wurde ich häufig als Botengängerin oder Wachposten eingesetzt. So musste ich vom Dach eines Hauses eine Barrikade am Eingang von Jerusalem im Visier behalten, an der die israelischen Soldaten jedes Auto kontrollierten.

Der UNO-Plan sah vor, dass im Mai 1948 der britische Hochkommissar für Palästina das Land verließ. David Ben Gurion rief die Unabhängigkeit des Staates Israel aus. Das ganze Land befand sich im Freudentaumel. Wir quetschten uns in einen Lastwagen und fuhren durch Jerusalem. Überall sangen und tanzten die Menschen. Die meisten von ihnen sangen die „Hatikwa“, die „Hoffnung“, das „Nationallied“ der zionistischen Bewegung, das nun die Hymne eines neuen Staates war.

Das Lied hat eine interessante Geschichte. Die Worte ersann ein galizischer Wanderpoet und glühender Zionist namens Naftali Herz Imber im späten 19. Jahrhundert:

Solange noch im Herzen drinnen
Eine jüdische Seele wohnt.
Und nach Osten hin, vorwärts,
Das Auge nach Zion schaut.

Solange ist unsere Hoffnung nicht verloren,
Die uns zweitausend Jahre verband:
Zu sein ein freies Volk, in unserem Land,
Im Lande Zion und in Jerusalem.

Die Worte wurden mehrfach vertont. Die Version von Samuel Cohen setzte sich durch, der in den 80er Jahren des 19. Jahrhunderts aus Moldawien nach Palästina eingewandert war. Cohen setzte Imbers Text zu einer wunderbaren Melodie aus Bedrich Smetanas *Vltava, Die Moldau*, die selbst auf osteuropäischen Volksmelodien beruht. Was die genaue Quelle angeht, aus der Cohen schöpfte, gibt es unterschiedliche Meinungen. Seit 1905 war das Lied das inoffizielle „Nationallied" der internationalen zionistischen Bewegung. Während des 7. Zionistischen Weltkongresses stimmten die Delegierten das Lied an. Jüdische Partisanen in Europa sangen es während des Zweiten Weltkriegs. Vor Israels Staatsgründung wurde es oft im Untergrund als eine Art Durchhalteparole gespielt.

Seit einiger Zeit plädieren manche Israelis dafür, die „Hatikwa" durch eine neue Nationalhymne zu ersetzen. Schließlich sei Text von einem nicht-hebräischsprachigen Dichter verfasst, was ihn in modernen Ohren anachronistisch klingen ließe. Die Melodie wiederum basiere auf dem Werk eines tschechischen Komponisten oder einem alten Volkslied, sei also nicht jüdischen Ursprungs. Andere beanstanden, die Melodie sei in Moll und daher eher klagend als freudig. Auch sei sie eindeutig osteuropäisch geprägt. Dies wiederum missachte die Traditionen von mehr als der Hälfte der jüdischen Bürger Israels, die ja sephardischen Ursprungs sind oder aus arabischen Ländern stammen. Ich verstehe die Kritik. Aber um nichts in der Welt möchte ich die „Hatikwa" durch eine andere Hymne ersetzt sehen. Es lässt mich erschauern, wie die Musik zum Wort „Hoffnung" – *hatikwa* – anschwillt. Kürzlich lauschte ich einer konzertanten Interpretation des Liedes, wo die Sänger abwechselnd auf der Bühne vortraten und das Schlüsselwort jeweils in einer anderen Sprache sangen. Ich war zu Tränen gerührt.

Mehr als ein halbes Jahrhundert ist vergangen. Die Hoffnung und der Idealismus jener Tage sind längst einer gedämpfteren Stimmung und schwierigen Realitäten gewichen. Doch immer wenn ich die „Hatikwa" höre, durchlebe ich wieder jene Zeit des Aufbruchs. Ich sehe uns auf dem Lastwagen durch Jerusalem brausen, beflügelt von dem Gefühl, dass uns die Welt und alle ihre Möglichkeiten offen standen.

Leider war die Hochstimmung nur von kurzer Dauer. Am Tag nach der Unabhängigkeitserklärung marschierten die Armeen Libanons, Syriens, Jordaniens, Ägyptens und Iraks in Israel ein. Sofort waren wir im Militär in Alarmbereitschaft. Am 4. Juni, meinem zwanzigsten Geburtstag, war ich zur Wache abkommandiert. Nach dem Dienst ging ich gegen Mittag nach Hause in mein Wohnheim. Kaum dass ich durch die Tür getreten war, heulten die Sirenen. Das hieß: augenblicklich ab in den Luftschutzraum im Keller. „Bloß nicht da unten rumhocken und nichts zu tun haben", dachte ich mir und sauste nach oben, um mir ein Buch zu holen. Eine große Eselei. Kaum war ich auf dem Weg zurück, krachte es mächtig in der Eingangshalle. Eine arabische Bombe war genau vor dem Gebäude hochgegangen. Überall sausten Splitter umher.

Geschrei, um mich herum hagelte es Steinbrocken, von der Decke rieselte Staub. Das Mädchen, das neben mir stand, fiel einfach um. Später erfuhr ich, dass sie getötet worden war. Auch ein anderes Mädchen und ein Soldat waren zu Tode gekommen. Plötzlich fand ich mich an einer Wand lehnend wieder. Brennende Schmerzen durchzuckten meine Beine. Hannelore, die ich noch aus Heiden kannte, versuchte meine Schuhe aufzubinden. Sie waren brandneu, ein Geburtstagsgeschenk. Ich schaute auf meine Füße. Sie waren blutüberströmt. „Muss ich jetzt sterben?", fragte ich.

Dank der Kunst der Ärzte des Hadassa-Krankenhauses blieb mir das erspart. Sie entfernten die Schrapnell, die ich überall abbekommen hatte. Eines hatte sich in meinen Hals gebohrt und unzählige in meine Füße. Ich hatte tiefe Schürfwunden an den Beinen davon getragen und die Haut meines einen Fußes war zerfetzt.

Nachdem die Ärzte ihre Zauberkünste angewendet hatten, erholte ich mich in einem Saal im Keller des Krankenhauses. Früher war dort die Bibliothek untergebracht gewesen. Alle Betten waren belegt. Ich bin so klein, dass ich auch in ein Bücherregal passte und prompt wurde ich dort hinein gebettet. Meine Stimmung hob sich augenblicklich, als ich feststellte, dass ich die einzige Frau in einem Saal voller Männer war – darunter auch ein gut aussehender blonder Pfleger, der aus Rumänien stammte. Ich war sofort in ihn verknallt. Ich tat so, als ob ich nicht alleine essen konnte, nur damit er mich fütterte. Am 11. Juni trat ein Waffenstillstand in Kraft. Eine Woche war seit meiner Einlieferung ins Krankenhaus vergangen. Mein Pfleger holte mich aus meinem Regal heraus, nahm mich auf seinen Arm und trug mich nach draußen, wo er mich unter einem Baum im Sonnenschein ablud. Während der Feuerpausen fuhr ich nach Haifa, wo ich mich weiter erholen wollte. Ich wohnte bei Freunden. Schaul, mein Freund aus dem Kibbuz Ajanot, besuchte mich jeden Tag. Er wohnte in einem Städtchen in der Nähe. Oft sang er mir etwas vor, immer das gleiche hebräische Lied: „Du wartest auf mich und ich werde zurückkehren". Ich glaube, das war das zweite Liebeslied, das mir vorgesungen wurde. Als es mir besser ging, beknieten Schaul und meine Freunde mich, nicht nach Jerusalem zurückzukehren. Doch ich hatte dort meine Verpflichtungen und reiste ab. Schaul blieb da und das war das Ende unserer Beziehung. Anscheinend brach mir das nicht das Herz. Kurz nachdem ich wieder in Jerusalem zurück war, meldete sich der Pfleger aus dem Krankenhaus bei mir. Wir hatten eine kurze, glückliche Beziehung.

Natürlich gewann Israel den Krieg. Der endgültige Waffenstillstand trat im Januar 1949 in Kraft. Im Frühjahr beendete ich meine Ausbildung und trat meine erste Stelle als Kindergärtnerin an. Meine Zöglinge waren Kinder jemenitischer Juden, die vor kurzem nach Israel eingeflogen worden waren, um den Verfolgungen in ihrer alten Heimat zu entgehen. Hier kam ich mit einer mir völlig fremden Kultur in Berührung. So hatten jemenitische Männer zwei Frauen, ein jüngere und eine ältere. Sie wohnten oft in Wohnungen, die aus einem Zimmer und einer Terrasse bestanden. So konnte eine Frau sich draußen aufhalten, während die andere drinnen war. Nach einiger Zeit wechselten sie sich ab. Manchmal dachte ich, dass ich nicht nur ihre Kinder sondern auch die Eltern auf ihrem Weg aus einer alten in eine moderne Welt zu begleiten hatte.

Bald darauf verließ ich Israel. Was ich zu diesem Zeitpunkt nicht wusste: nie wieder würde ich für längere Zeit hier leben. Ich habe Israel immer in regelmäßigen Abständen besucht und seit ich es mir leisten kann, fahre ich einmal im Jahr hin. Die Musik, die ich heute auf der Straße dort höre, im Radio, im Hotel und in den Restaurants, klingt in meinen Ohren wie die übliche Popmusik, nur auf hebräisch gesungen. Sie hat nichts mit den patriotischen und melancholischen Melodien der frühen Jahre zu tun. Die alten Lieder werden nur noch zu Gedenktagen ausgegraben. Noch mehr verändert haben sich die Tänze. Überall Diskotänze, kein Paartanz mehr. Die Hora ist verschwunden und damit das Gemeinschaftsgefühl, das sie symbolisierte. All diese Veränderungen stimmen mich ein wenig wehmütig. Aber ich verschwende weder Zeit noch Energie darauf, sie zu beklagen. Wir sangen und tanzten, wie es zu uns passte, und die jungen Leute heute singen und tanzen, wie es zu ihnen passt. Zu glauben, dass man die Zeit anhalten kann und alles so bleibt, wie es war, ist selbst für meinen Geschmack zu romantisch und einfältig.

Stimmt aber jemand die alten Lieder an, bin ich begeistert.

IV.

Je ne regrette rien

Der Grund, warum ich aus Israel wegging, war eine Beziehung. Namens David. Gerade, als ich meine neue Anstellung als Kindergärtnerin antreten sollte, lernte ich ihn über Freunde kennen. David war damals als Soldat in der Nähe von Jerusalem stationiert. Er wollte Arzt werden. Schon bald gingen wir miteinander aus, freitags zum Tanzen mit unseren Freunden Miriam und Nachum. Getanzt wurde in einem Kaffeehaus, einem der wenigen, die damals in Jerusalem überhaupt geöffnet hatte. Die Musik kam aus der Konserve. Wir tanzten keine Volkstänze aus dem Kibbuz, sondern Walzer und Tangos, die meine Kibbuzgenossen als schrecklich bürgerlich verachtet hätten. Ich aber liebte diese traditionellen Tänze. Selbst die Schrapnellsplitter in meinem Bein konnten mich nicht aufhalten.

Ich mochte David sehr. Ich fühlte mich geschmeichelt, dass er sich für mich interessierte. Schon nach einigen Monaten fragte er mich, ob ich ihn heiraten wolle. Ich sagte sofort Ja. Seit dem Verlust meiner Eltern und Großeltern hatte ich mich immer allein und von aller Welt verlassen gefühlt. David hatte eine große und liebevolle Familie. Als seine Frau würde ich automatisch dazugehören. Wahrscheinlich haben Sie schon längst bemerkt, dass hier etwas nicht stimmen kann. Ich fand aber alles in Ordnung, zumindest damals. Wir heirateten im November 1950 auf der Terrasse meiner Verwandten Liesel in Jerusalem.

Inzwischen war David aus der Armee entlassen worden. Ein Medizinstudium war damals in Israel nicht möglich, also musste er, das heißt wir, ins Ausland gehen. Logischerweise kam nur Europa in Frage. Und welche ist *die* europäische Stadt für ein frisch vermähltes Paar? Paris natürlich. Einige Jahre zuvor hatte ich Frankreich als Flüchtling auf einem Schiff verlassen. Jetzt war ich wieder auf dem Weg dahin, als verheiratete Frau und dazu noch zum ersten Mal mit dem Flugzeug. In Paris fanden wir eine Wohnung nicht weit von der Universität Sorbonne in einem Arbeiterviertel. Eine schicke Wohnung war nicht drin, nur ein unbeheiztes, möbliertes Zimmer im dritten Stock eines Hauses ohne Aufzug, mit Kaltwasser im Zimmer und Badmitbenutzung zwei Etagen tiefer. Ich fand eine Anstellung als Kindergärtnerin bei einer jüdischen Agentur und eine Nebentätigkeit als Hebräischlehrerin für französisch-jüdische Kinder. Zuerst galt es jedoch zwei Hindernisse zu bewältigen. Die Anfänger unter meinen Schülern verstanden weder Deutsch noch Hebräisch, die einzigen Sprachen, die ich selber beherrschte. Also machte ich einen Schnellkurs in Französisch und Jiddisch. Ich lernte rasch, ich glaube, ich bin sprachbegabt.

Mein zweites Problem war, dass ich nicht singen konnte oder dachte, nicht singen zu können, was übrigens auf das Gleiche herauskommt. Nicht singen zu können ist für eine Kindergärtnerin ein ziemliches Manko. Ich habe ja schon davon erzählt, wie die Damen im Kindergarten bei einem älteren Herrn Gesangsunterricht für mich arrangiert hatten und wie kläglich meine Bemühungen gescheitert waren. Ich löste das Problem, indem ich ganz leise sang und die Kinder „den Ton angeben" ließ.

Das funktionierte. Die Kleinen merkten auch ziemlich schnell meine Begeisterung für französische Lieder, gleich, wie leise ich sang. Diese Lieder hatten mitreißende Melodien und Rhythmen und die Texte konnte man sich leicht merken. Die simple Wiederholung einzelner Wörter im Lied half mir, die Sprache schneller zu verstehen und mir einen Akzent anzugewöhnen, der angeblich ganz ordentlich ist. Noch heute singe ich diese Lieder, natürlich nur für mich. Im Kindergarten überaus beliebt war „Meunier, tu dors", der musikalische Versuch, den faulen Müller aufzuwecken. Das Lied beginnt langsam, wird immer schneller, wir wurden zu Windmühlen und schwangen wie wild die Arme. Wir hatten so viel Spaß dabei, ich kann gar nicht verstehen, wieso „Meunier, tu dors" nicht nach Amerika kam. Ein anderes Wach-auf-Lied hingegen hat den Weg in die Vereinigten Staaten gefunden, der Kanon aus dem 16. Jahrhundert namens „Frère Jacques". Ich erinnerte mich an dieses Lied aus früheren Zeiten, wahrscheinlich sang ich es schon in der Schweiz, wo es „Bruder Jakob" heiß. Vielleicht ist es mir aber auch schon aus Deutschland vertraut gewesen. Wir hatten das Lied auch in meinem israelischen Kindergarten gesungen. Obwohl jüdisch geprägt, hatte niemand jemals etwas dagegen, dass wir Kinder den faulen Mönch Jakob mit unserem Gesang überzeugen sollten, frühmorgens aufzustehen, um die Kirchenglocken zu läuten.

Ebenso leicht ging uns „La petite église" („Die kleine Kirche") von Charles Fallot und Paul Delmet aus dem Jahr 1902 über die Lippen. Komisch, dass ich seit meiner Zeit in der Schweiz immer eine Schwäche für Kirchen hatte. Wenn ich traurig und einsam war, ging ich in eine winzige Kirche in der Nähe des Kinderheims mit meinem Tagebuch als einzigen Begleiter. Mir gefiel es, wie die Stille unterbrochen wurde – von drinnen durch die Kirchenglocke, von draußen durch die Kuhglocken. Meine kleinen Ausflüge in eine Kirche hatten natürlich auch den Reiz des Verbotenen. Ich bin meiner Liebe zu Kirchen treu geblieben. Vor kurzem besuchte ich ein Orgelkonzert im Kulturzentrum der Mormonen in Jerusalem. Die Musik war fabelhaft, der Blick aus dem Fenster auf die Heilige Stadt traumhaft schön und ich dachte: „Wenn doch die Menschen aller Glaubensrichtungen, die hier in Jerusalem beten, in Harmonie vereint sein könnten wie die himmlischen Klänge dieser Musik."

Niemals hatte ich mich von Weihnachtsfestlichkeiten ausgeschlossen gefühlt, doch Weihnachten in Paris war doch etwas Besonderes. Ich wusste, wie man Weihnachten in Deutschland und in der Schweiz feierte und ich liebte Weihnachtslieder. Doch ich erlebte Weihnachten aus einer behüteten jüdischen Umgebung heraus. In Paris verstand ich zum ersten Mal wirklich, wie wichtig dieses Fest für Christen ist. Die Franzosen feierten es besonders stilvoll. Wir sangen natürlich nicht „Stille Nacht" in meinem Pariser Kindergarten, aber das Lied war überall zu hören und übte eine unwiderstehliche Anziehungskraft auf mich aus, da ich es aus meinen Frankfurter Kindertagen kannte. Ein etwas weltlicheres Weihnachtslied, das mir sehr gut gefiel, war „Petit Papa Noël", ein überaus beliebtes Lied in Frankreich. Jemand, der alle Kinder auf der Welt beschenkt, sogar die Waisenkinder

– das war eine wundervolle Vorstellung! Wie sollte ich mich nicht zu einer Vaterfigur hingezogen fühlen, die mich liebevoll umsorgen würde? Es mag komisch klingen, aber als ich das erste Mal in Rom vor Michelangelos Moses stand, fühlte ich mich ähnlich angezogen. Das lag nicht nur am Bart. Es war die Sehnsucht nach allem, was mir ein Vater hätte geben können, zeigen können, erklären können, wenn er nicht so früh von mir weggerissen worden wäre.

Doch keineswegs überwog das Negative in meiner Pariser Zeit. Die Lieder, an die ich mich erinnere, sind nämlich fröhlich. „Tout va très bien, Madame la Marquise“ mochte ich ganz besonders. Das Varietéstück wurde während des großen Streiks von 1936 bekannt. Das drollige Liedchen erzählt von einem Diener, der mit seiner Herrin telefoniert und berichtet, dass zuhause alles in Ordnung sei. Nur die graue Stute der Herzogin sei verbrannt. Wie konnte das passieren, fragt sie einen anderen Diener. Das sei passiert, als die Ställe abbrannten, aber ansonsten sei alles in Ordnung. Wie kam es, dass die Ställe abbrannten, fragt sie den nächsten Diener. Die Ställe fingen Feuer, als das Schloss abbrannte, aber es ist alles in Ordnung. Wie kam es, dass das Schloss abbrannte? Der Herzog hatte die Kerzen umgeworfen, als er Selbstmord beging, nachdem er erfuhr, dass er ruiniert war. Aber sonst ist alles in Ordnung. „Tout va très bien“. Das wurde Ruth Westheimers Refrain. Unsere kleine Gruppe von Israelis hatte kein Geld für Wein, was in Frankreich gleichbedeutend ist mit keine Luft zum Atmen haben. Ich riet den anderen so zu tun, als wäre unser Wasser Wein, worauf sie mich liebevoll hänselnd

„Madame Marquise“ nannten. Die feine Dame, die nicht weiß, was Schreckliches vor sich geht. Ich lachte und antwortete mit einem meiner neuen Lieblingsstücke „Demain il fera beau sur la grande route“. In vielen Aspekten waren die Franzosen Vorreiter und mit „Morgen auf der großen Straße wird es schön sein“ waren sie „Little Orphan Annie“ um Jahre voraus:

Morgen auf der großen Strasse wird es schön sein…
Morgen ist ein neuer Tag
Morgen werden alle Vöglein an der Straße singen
Uns auf dem Weg begleiten
Morgen.
Wenn auch heute schwere Wolken
Den Himmel verdunkeln
Morgen auf der großen Strasse wird es schön sein.

Ich weiß nicht, wann ich dieses traditionelle Lied zum ersten Mal hörte, aber ich erinnere mich sehr genau, dass ich es zu meiner Ermutigung im Laufe der Jahrzehnte wohl tausendmal gesungen habe. Wir hatten weder Plattenspieler noch Radio, aber in Paris lag die Musik wohl in der Luft (oder habe ich zu viele Filme gesehen?). Ab und zu schafften wir es sogar, genügend Francs zusammenzukratzen, und gingen in eine benachbarte Konzerthalle, um uns Sänger anzuhören, deren Namen ich und wahrscheinlich auch die Geschichte längst vergessen haben. Manchmal gingen wir auch in die Comédie Française und ins Théâtre du Châtelet, wo wir immer in der letzten Reihe saßen, im „poulailler“, auf der Hühnerstange. Ich erinnere mich noch genau an meinen ersten Theaterbesuch. Als ich sah, wie unendlich viele Meter Stoff für Vorhänge und Kostüme verarbeitet worden waren, wurde ich richtig wütend. Ich kannte sehr wohl die Entbehrungen des Krieges, das Waisendasein, die Kargheit eines Landes, das sich im Aufbau befand. Ich wusste, wie es aussah, wenn man ein und dasselbe Kleid über Jahre hinweg tragen musste. Diese Verschwendung um mich herum konnte ich schlicht und einfach nicht verstehen. (Ähnlich ging es mir beim Anblick der reihenweise aufgeschichteten Steaks und Braten in den Schaufenstern der Metzger.). Doch allmählich gewöhnte ich mich daran und wurde zum Theaterfan und zur versierten Autogrammjägerin. Nach den Vorstellungen wartete ich am Bühneneingang, wo ein Assistent die Autogrammbüchlein einsammelte, zum Star des Abends brachte und mit den signierten Schätzen wieder zurückkehrte.

In Paris musste ich wieder einmal Frieden schließen mit patriotischen Liedern, die nicht meine waren. Ich konnte mich zwar an dem Bewusstsein von Stolz und Zugehörigkeit erfreuen, merkte aber, dass diese Gefühle nicht meine Gefühle waren. Natürlich hörte ich die Marseillaise, sie beeindruckte mich damals wenig. Dagegen wurde ich furchtbar traurig, wenn ich das Lied „Ma Normandie“ hörte. Frédéric Bérat schrieb es im Jahre 1835. So beginnt es:

> Wenn alles in neuer Hoffnung erwacht
> Und der Winter von uns flieht
> Unter dem schönen Himmel Frankreichs
> Wenn die Sonne wieder sanfter zurückkehrt
> Wenn die Natur wieder grün wird

Wenn die Schwalbe wiedergekehrt ist
Dann ist der Augenblick gekommen,
wo ich meine Normandie wieder sehen möchte.
Das Land, das mich gebar.

Ich hatte überhaupt keine Vorstellung von der Normandie. Ich war niemals dort gewesen. Das Lied nahm mich deshalb so sehr gefangen, weil ich erkannte, dass ich nie ein Lied singen würde über das Land, wo ich geboren war. Jahre später kehrte ich nach Deutschland zurück, ein Unterfangen, das ich mir damals in Paris nicht vorstellen konnte. Aber meine Vorahnung war richtig, bei meiner Rückkehr würde mich weder Nostalgie noch der Wunsch begleiten, wieder in diesem Land zu leben. Das Normandie-Lied und auch andere ähnliche Lieder zeigen, dass fast jeder Mensch eine starke Beziehung zu dem Ort seiner Abstammung hat. Außer mir. Vielleicht wäre das anders, gäbe es einen Friedhof mit dem Grab meiner Eltern und Großeltern, das ich besuchen könnte. Aber das gibt es eben nicht. Ich komme mindestens einmal jährlich nach Frankfurt, um gute Freunde zu treffen. Ehrlich gesagt, fühle ich keine besondere Beziehung zu diesem Ort. Mit meinem Verstand kann ich das alles klar einordnen, mein Gefühl begreift erst, wenn ich ein Lied wie „Ma Normandie" höre.

Dass es eine Kehrseite zu meinem Optimismus und meiner Lebensfreude gibt, ist Ihnen sicherlich nicht entgangen. Es ist nicht unbedingt Verzweiflung, eher eine gewisse Melancholie, in deren Sog mich vor allem die Musik zieht. Natürlich sind die Franzosen berühmt für ihre bittersüßen Lieder, die meistens von verlorener, nicht erwiderter oder unglücklicher Liebe singen und die bei mir ein überaus geneigtes Ohr fanden. Lieben und nicht geliebt zu werden ist Teil meiner Lebensgeschichte, die Melancholie dieser Lieder verliehen der Traurigkeit und Verunsicherung eine Stimme, die sich meiner so oft bemächtigten. Aber Wunder über Wunder, die Lieder müssen nur melancholisch genug sein, dann tun sie ihre traurige Aufgabe von selber und ich bin wieder obenauf.

(Obwohl ich die Leidenschaft der französischen Chansons sehr schätze, konnte ich mich nie für den portugiesischen Fado erwärmen, den mir Jahre später mein Mann Fred näher bringen wollte. Fred war ebenfalls in Deutschland geboren, 1927. Seine Eltern emigrierten 1938 nach Portugal. Sicherheitshalber wurde Fred 1941 zu einem Onkel in die Südstaaten Amerikas geschickt. Seine Eltern blieben in Portugal. Sie lebten noch dort, als Fred und ich uns kennen lernten. Fred liebte Fado und versuchte, mir seine Begeisterung zu vermitteln. Doch mir war Fado zu pessimistisch. Man hat das Gefühl, die Portugiesen singen voller Schmerz direkt aus ihrem verwundeten Herzen heraus und laden die Zuhörer ein, in ihrer Niedergeschlagenheit mitzuschwelgen. Ich hoffe, das ist nicht meine Art. Eine ähnlich negative Reaktion hatte ich auf das Lied „Tit-Willow", dem Gilbert-und-Sullivan-Song aus *The Mikado*. Da geht es um einen Vogel, der sich aus „enttäuschter Liebe" das Leben nimmt: „Ein Schluchzer, ein Seufzer, ein Gurgeln, dann stürzte er sich in die brodelnde Flut." Mein Freund Al Kaplan sang andauernd dieses Lied, damals Ende der 50er Jahre, als wir ziemlich viel Zeit miteinander in New York verbrachten. Ich gebe zu, dass mir damals manche Feinheiten der englischen Sprache entgingen. Wohl daher nahm ich dieses Lied viel zu ernst. Doch selbst wenn ich den trockenen Humor richtig verstanden hätte, war und bin ich immer noch verblüfft und irgendwie empört über die Idee, dass ein Vogel aus Liebesleid Selbstmord begeht.)

Zurück zu den bittersüßen französischen Liebesliedern. Eines meiner Favoriten ist wieder ein traditionelles Lied: „Là-haut sur la montagne“. „Oben auf dem Berge“, singt ein Mann „hörte ich jemanden weinen. Ach, es ist die Stimme meiner Liebsten, so lief ich hin, sie zu trösten“. Doch sie erwidert: „Ach, wenn ich weine und seufze ist es nur, weil ich meine Liebe bereue“. Ich habe schon öfter erwähnt, dass ich selber selten weine und das gleiche gilt für seufzen. Das würde bedeuten, der Traurigkeit nachzugeben. In einem Lied mag ja das Seufzen ganz romantisch sein, im wirklichen Leben ließ ich es nicht zu. Meinen engen Freund Bill Kunreuther ermahnte ich immer, nicht so viel zu seufzen. Doch dann las ich in einer Zeitschrift, dass Seufzen ein Zeichen für gesunden Verstand ist. Da musste ich mich bei Bill entschuldigen – meinetwegen soll er seufzen, so viel er nur will.

Wahrscheinlich ist „Plaisir d'amour“ („Die Freuden der Liebe“) mit den Worten von Jean-Pierre Claris de Florian und der Musik von Jean-Paul Martini eines der schönsten französischen Lieder aller Zeiten. Es wirkt immer genauso frisch und fein wie damals vor zweihundert Jahren, als es geschrieben wurde. Der Sänger erzählt davon, dass er alles für seine Geliebte Sophie aufgegeben hat. Sie wiederum hatte versprochen, treu zu sein, solange das Wasser in den großen Strom rinnt. Das Wasser fließt noch immer, doch sie hat ihn längst wegen eines anderen verlassen. Was soll er tun außer singen? Der Refrain „Die Freuden der Liebe währen nur einen Augenblick, das Liebesleid ein Leben lang“ war genau das richtige für mein romantisches, 23-jähriges deutsch-jüdisches Herz.

Doch was sollte ich von dem unbekümmert unmoralischen Lied „J'ai deux amants“ („Zwei Liebhaber hab ich“) halten? Das Lied erzählt von einer Frau, die erklärt, warum es besser ist, zwei Männer zu haben statt einen. Die Sängerin und Schauspielerin Yvonne Printemps machte es berühmt:

> Jeden mach ich glauben,
> Der andere sei der anständige Mann.
> Mein Gott, wie doof die Männer sind.
> Jeder gibt mir das gleiche Geld
> Pünktlich jeden Monat
> Und jeden mach ich glauben,
> Der andere gibt mir das Doppelte.

Bevor ich nach Paris kam, hatte ich nie erlebt, dass Frauen so offen über ihre sexuelle Macht sprachen. Nie zuvor hatte ich Prostituierte gesehen, hier liefen sie überall herum und boten ihre Ware feil. Ich war entsetzt und gleichzeitig neugierig. Mit der Zeit bildete ich mir ein, mich zu einer rechten Freidenkerin entwickelt zu haben und gab mich eher empört über die konventionelle Moral denn über die sexuelle Freizügigkeit um mich herum. Ein Lied wie „J'ai deux amants“ war doch unverschämt ansprechend!

Anfangs war ich überrascht, wie voller Sexualität viele französischen Lieder waren, sogar manche von denen, die ich mit den Kleinen im Kindergarten sang. Jedes Kind in Frankreich und wahrscheinlich auch jedes, das französisch lernt kennt „Au clair de la lune" („Beim Schein des Mondes"), zumindest die erste und zweite Strophe. Auch Sie erinnern sich bestimmt an den Anfang:

Beim Schein des Mondes,
Lieber Freund Pierrot,
Leih mir deinen Stift
Dass ich ein Wort niederschreiben kann
Meine Kerze ist abgebrannt
Mein Feuer erloschen
Mach um Himmelswillen deine Tür auf

Pierrot liegt schon im Bett, einen Stift hat er sowieso nicht und so schickt er seinen Freund zum Nachbarn, wo das Licht noch brennt. Soweit erinnern Sie sich noch. Französische Schulkinder aber wissen genau, wie es weiter geht, wenn der Freund Pierrots Rat befolgt:

Beim Schein des Mondes
Klopft der liebenswerte Tor
An die Tür der Brünetten.
Sie fragt:
„Wer ist's?"
Er erwidert,
„Mach deine Türe auf
Für einen Liebesgott."

Das tut sie auch. Was würden *Sie* tun, wenn ein Liebesgott an Ihre Tür klopft? „Wer weiß, was sie gefunden haben" geht es im Lied taktvoll weiter, aber die Tür schließt sich hinter ihnen in der Dunkelheit.

Und was ist mit „Auprès de ma blonde" („Neben meiner Blonden") aus dem frühen 18. Jahrhundert? Ursprünglich war es ein Trinklied und der Refrain wiederholt schlicht und eindrucksvoll wie gut, wie gut, wie gut es ist, neben besagter Blonden zu schlafen. So genau weiß ich nicht mehr, ob wir das Lied auch im Kindergarten gesungen haben. Schulkinder singen es auf jeden Fall. Ich mochte dieses Lied, lange bevor ich Sexualtherapeutin wurde. Wenn ich zurückschaue, bin ich überzeugt, dass ich meine „befreite" Einstellung zur Sexualität den Franzosen und ihrer Musik verdanke. Wie dem auch sei, ich liebe dieses freche Lied. Noch heute, wenn ich Franzosen treffe, kann ich mich nicht beherrschen und singe ihnen ein paar Takte daraus vor.

Die Königin des französischen Chansons damals in Paris war Edith Piaf, der König Marcel Mouloudji. Die Piaf, „der kleine Spatz", ist weltweit die berühmtere von den beiden. Sie wurde als Edith Giovanna Gassion 1915 geboren, verbrachte den Großteil ihrer Kindheit in einem von ihrer Großmutter geführten Bordell, trat mit ihrem Vater im Zirkus auf und wurde mit 15 Jahren Straßensängerin in Paris. Kaum 20, war sie schon ein Star. Ihr Leben – es endete im Jahr 1963 nach endlosen unglücklichen Beziehungen, Alkohol, Krankheit und Tablettensucht – war stürmisch. Ihre Zuhörer waren von ihren diversen Tragödien und Leidenschaften genau so bewegt wie von ihrer unglaublich ausdrucksvollen Stimme. Leider haben wir die Piaf nie persönlich erlebt. Aber ich kannte und mochte ihre Lieder sehr, besonders „La vie en rose" jenes fulminante Liebeslied, das so eng mit Paris verbunden wird, dass es schon zum Klischee wurde („Wenn er mich in seine Arme nimmt,/ mit sanfter Stimme zu mir spricht,/ dann seh ich das Leben in rosarot"). Aufnahmen ihrer Stücke wie „Non, je ne regrette rien" erschienen erst 1960, einige Jahre, nachdem ich Paris bereits verlassen hatte, „Non, je ne regrette rien" ist mein Edith-Piaf-Lieblingslied. Trotzig marschiert sie weiter, eine siegreiche Streiterin im Lebenskampf der Gefühle und singt:

Nein, ich bereue nichts!
Weder das Gute, das mir zuteil wurde
Noch das Schlechte
Es ist mir egal!
Nein, ich bereue nichts!
Es ist bezahlt
Weggefegt
Vergessen.

Was mich betrifft, habe ich immer versucht, mein Leben nach diesem Prinzip zu führen. Natürlich wären viele Dinge ganz anders gelaufen, wenn ich mich anders verhalten hätte, aber herumzusitzen und zu brüten ändert nichts. Wenn möglich, sollte man aus einer Situation etwas lernen und dann die nächste Herausforderung annehmen. Nach jedem Rückschlag rapple ich mich auf, sage ein entschiedenes „Erledigt!" und versuche, weiterzumachen.

Ich identifizierte mich mit der Piaf, weil sie ebenso wie ich winzig klein war. Mouloudji (wie er genannt wurde) aber liebte ich. Er wurde 1922 in Paris geboren, sein Vater war Algerier, die Mutter Französin. So wie die Piaf hatte auch er eine harte Kindheit auf der Straße hinter sich. Er erlernte die Schauspielkunst bei dem berühmten Mimen Jean-Louis Barrault. Kurz vor Ausbruch des Zweiten Weltkriegs wurde er zu einer Art Maskottchen der Rive-Gauche-Intellektuellen wie Jean-Paul Sartre, Robert Desnos oder Jacques Prévert. Mouloudjis Laufbahn war ungewöhnlich. Als Romanschriftsteller wurde er mit Preisen ausgezeichnet, nach der Befreiung begann er seine große Karriere als Komponist und Sänger. Ich gestehe, seine dunklen Augen zogen mich genau so in ihren Bann wie seine Musik. Die Kombination der beiden war tödlich! Er brachte viele Hits heraus, mein Lieblingsstück war das zutiefst leidenschaftliche „Comme un petit coquelicot" („Wie eine kleine Mohnblume"). Den Text schrieb Raymond Asso, die Musik Claude Valéry. Im Jahr 1951 war das Lied ein Riesenerfolg, Mouloudji gewann damit den ersten seiner beiden Grands Prix du Disque. Der Sänger trifft ein Mädchen auf dem Feld und küsst sie so leidenschaftlich, dass er ein Mal auf ihrer Brust hinterlässt, das wie eine Mohnblume aussieht. Doch da gibt es noch einen anderen Mann, den sie aber nicht liebt. Am nächsten Tag findet der Sänger seine Geliebte auf dem Feld. Ganz still und halbnackt liegt sie da, auf ihrer entblößten weißen Brust über ihrem Herzen ein Mal wie eine Mohnblume, doch diesmal sind es drei Tropfen Blut. Schwer zu übertreffen!

Mouloudji starb 1994 und wurde auf dem Friedhof Père Lachaise begraben. Als ich vor kurzem in Paris war, pilgerte ich zu seinem Grab und ließ mich dort fotografieren. Mir fielen noch weitere Pilger an einem anderen

Grab auf. Sie waren erheblich jünger als ich und, sagen wir mal, weniger konventionell gekleidet. Ich erkundigte mich und erfuhr, dass sie einen gewissen Jim Morrison ehrten. Ich hatte keine Ahnung, wer das war. Mein Begleiter klärte mich auf, Jim Morrison war der Bandleader der Doors, das Idol einer späteren Generation. Ich blieb bei meinem Mouloudji.

Yves Montands Grab besuchte ich nicht, obwohl er auch auf dem Père Lachaise begraben ist. Vielleicht ist das unfair von mir. Denn während meiner Pariser Zeit schwang er kräftig in meiner Lebensmelodie mit. Ich denke da an „Les feuilles mortes" („Tote Blätter"), das er 1947 einige Jahre vor meiner Ankunft in Paris aufgenommen hatte und das immer noch zu den beliebtesten Chansons in Frankreich gehört. Der aus Ungarn stammende Joseph Kosma vertonte Jacques Préverts Text, der weit entfernt ist von der schnulzigen einfachen Version des englischen Liedes „The Autumn Leaves" („Herbstblätter"). Im Englischen hört es sich so an: „Die Tage werden länger,/ Ich höre das Lied des Winters,/ Ich sehne mich nach dir, / Wenn die Blätter fallen". Im Französischen klingt es viel komplexer und melancholischer, hier wird die Trennung der Liebenden Teil der grandiosen Szenerie der Natur:

> Tote Blätter liegen auf der Schaufel
> Erinnerungen und Reue dazu
> Der Nordwind trägt sie davon
> In die kalte Nacht des Vergessens …
> Das Leben trennt die, die sich lieben
> Sanft, ohne Lärm.

Weggespült vom Meer, verschwinden im Sand
Die Fußspuren der getrennten Liebenden.

Kein Wunder, dass mich diese traurigen Lieder über verpfuschte Liebe so sehr in ihren Bann zogen. Denn mein eigenes Liebesleben war ziemlich durcheinander geraten. Nach der anfänglichen Aufregung darüber, miteinander in Paris zu leben, wurden David und ich einander fremd. Wahrscheinlich hatten wir beide inzwischen festgestellt, dass wir viel zu früh und nicht unbedingt aus dem wichtigsten Grund geheiratet hatten. Ich begriff mittlerweile, dass mich die Aussicht auf eine Familie mehr begeistert hatte, als die, einen Mann zu kriegen. Außerdem hatte ich mich verändert. Mein ganzes Leben lang hatte ich nach einer richtigen Ausbildung gelechzt, ein verlockender aber unerreichbarer Traum, wie es schien. Ich hatte keinen höheren Schulabschluss, wusste wenig über Geschichte und Literatur, hatte nie Physik-, Chemie- oder Mathematikunterricht erhalten. In Paris erfuhr ich von einem Kurs an der Sorbonne, dem *année préparatoire.* Auch ohne Abitur konnte man das einjährige Programm absolvieren. Nach bestandener Abschlussprüfung konnte man an der Sorbonne studieren. Ich schrieb mich ein und mit viel Mühe – der ganze Stoff war natürlich in Französisch – bestand ich das Examen. Ich wollte klinische Psychologie studieren. Nicht von ungefähr, hatte ich doch schon immer eine Vorliebe für Selbstbeobachtung und großes Interesse für die Probleme anderer gezeigt. Ich studierte am Institut für Psychologie, belegte Kurse bei berühmten Psychologen wie Jean Piaget und Daniel Lagache. Das war sehr spannend, aber damals fand ich es schon aufregend genug, nur durch die ehrwürdigen Gänge der Sorbonne zu schreiten. In Vorlegungssälen zu sitzen, die Richelieu, Michelet oder Descartes hießen, ließ mich erschauern. Insgesamt hatte ich das Gefühl, ich sei gestorben und in den Himmel gekommen.

Auch David hatte sich verändert. Er wusste mittlerweile, dass er kein Arzt werden wollte. 1954 verbrachten wir den Sommer in Israel. Gegen Ende der Ferien hatten sich die Dinge zugespitzt. Ich kehrte nach Paris zurück, um mein Studium zu beenden, David blieb in Israel. Im Laufe des darauf folgenden Jahres wurde mir bewusst, dass unsere Ehe zu Ende war. Ich bat David um die Scheidung. Er erklärte sich einverstanden, der Rest wurde von Pariser Rabbinern per Post erledigt.

David und ich sind nun seit mittlerweile über 50 Jahren gute Freunde. Wir trafen uns zu den verschiedensten Anlässen in Amerika oder in Israel, wo er Regierungspressesprecher geworden ist. Wie man sieht, war unsere Trennung nicht von der tragischen Sorte, die Mouloudji besang. Ich bekenne es lieber gleich: Ich glaube nicht, dass aufwühlende Lieder über Leidenschaft, Eifersucht und Liebeszweifel als Ratgeber zum Führen oder Beenden einer Beziehung taugen. Später, als ich schon Dr. Ruth war und meine eigene wöchentliche Radiosendung moderierte, hatte ich immer eine musikalische Antwort für jeden Hörer parat, der anrief, um sich von mir beraten zu lassen, wenn seine Beziehung nicht mehr zu retten war. Ich gab meinem Toningenieur ein Zeichen und dann erklang unweigerlich der Song aus dem Musical *South Pacific* über den Äther. „Ich spül mir diesen Mann aus den Haaren / Und werf ihn einfach raus". Zugegeben, tausendmal weniger romantisch als bei Mouloudji, aber tausendmal effektiver.

Weder *South Pacific* noch Rodgers und Hammerstein sagten mir damals in Paris irgendetwas. Edith Piaf hingegen mit ihrem Lied „Demain il fera jour" öffnete mir die Augen: Eine Tür schließt sich, eine andere geht auf. Mein Leben geht weiter:

Morgen ist ein neuer Tag.
Erst wenn alles verloren ist
Kann alles beginnen.
Morgen ist ein neuer Tag.
Nach der Liebe
Kommt eine neue Liebe.
Ein junger Kerl wird pfeifend daherkommen
Morgen … denn morgen
Wirst du wieder lächeln,
Wieder lieben, wieder leiden,
Immerfort.
Morgen ist ein neuer Tag.

Oder wie ich es aus meinem anderen französischen Lieblingslied kannte, dem einfacheren: „Morgen auf der großen Straße wird es schön sein".

Nach der Trennung und Scheidung von David ging ich viel aus. Einmal verliebte ich mich in einen orthodoxen jüdischen Studenten aus Marokko, dessen Augen mich an Mouloudji erinnerten. Ich ging zum Essen in ein bestimmtes koscheres Restaurant, nur um in seiner

Nähe zu sein. Leider hat er mich kaum wahrgenommen.

Mehr Glück hatte ich mit einem gut aussehenden jungen Mann namens Dan. Dan war französischer Jude, hatte einige Jahre in einem Kibbuz verbracht, bevor er wieder nach Paris zurückkam. Wir steckten mitten in einer wunderbaren Liebesaffäre, als ich eines Tages, 1956, einen Scheck über 5000 Mark von der westdeutschen Regierung erhielt. Eine Entschädigung für Opfer der Naziverbrechen, die ihre Ausbildung noch nicht abgeschlossen hatten. Ich hatte mir fest vorgenommen, mich niemals um eine Wiedergutmachung aus Deutschland zu bemühen. Kein Geld konnte mich jemals für das entschädigen, was ich verloren hatte. Und doch war es mir unmöglich, das Geld abzulehnen, das so unmittelbar vor mir lag. Einer plötzlichen Eingebung folgend beschloss ich, der deutschen Regierung zu erlauben, mir einen wohlverdienten Urlaub zu finanzieren. Ich würde nach Amerika fahren und dort Freunde aus Heiden besuchen, die sich in New York niedergelassen hatten. Von da wollte ich weiter nach San Francisco, zu Onkel Max, den ich seit meinem dritten Lebensjahr nicht mehr gesehen hatte. Am Ende des Sommers würde ich nach Israel zurückkehren, um mich dort endgültig niederzulassen. Natürlich hatte ich keine Lust, diese spannende Reise allein zu machen. Ich fragte Dan, ob er in das Abenteuer einsteigen wollte. Er war sofort dabei.

Was sagt man über die bestausgetüftelten Pläne? Am zweiten Tag in New York blätterte ich in der deutsch-jüdischen Zeitung *Aufbau* die Wohnungsannoncen durch. Mein Auge blieb bei einer ganz anderen Anzeige hängen. Die New School for Social Research bot ein Stipendium für Naziopfer an, die einen Master's in Soziologie machen wollten. Ich bewarb mich auf der Stelle und schon am nächsten Tag erfuhr ich, dass ich das Stipendium bekommen hatte. Also blieb ich in New York. „Non, je ne regrette rien".

Ich war siebenundzwanzig, lebte im fünften Land und lernte die fünfte Sprache. Ich war Vollzeitstudentin an der New School, büffelte zuerst für meinen B.A., dann für den Master's. Natürlich war ich chronisch knapp bei Kasse und musste in diversen Aushilfsjobs arbeiten, anfangs als Putzfrau für einen Dollar die Stunde, später betrieb ich Marktforschung. Nach einem Jahr war ich schwanger, Dan und ich heirateten. Meine wunderbare, wunderbare Tochter Miriam wurde 1957 geboren. Leider zog Dan dafür ein Jahr später aus unserem Leben aus. Wieder einmal war eine Ehe zu Ende. Wir ließen uns scheiden. Dan kehrte nach Europa zurück und ich war allein erziehende Mutter.

Bisher hatte ich bei jedem Tapetenwechsel die Musik meiner neuen Umgebung in mich aufgenommen. Musik begleitet meine Erinnerungen an Frankfurt, Heiden, Ajanot, Paris, aber nicht an das New York jener frühen Tage. Ich weiß nicht, warum das so ist. Ich erkläre es damit, dass ich vollauf damit beschäftigt war, meine kleine Tochter groß zu ziehen, zu studieren, zu jobben. Da blieb keine Zeit für amerikanische Musik. Außerdem hatte ich kein Geld und konnte mir daher Musik nicht leisten. Das ist natürlich eine Ausrede, denn weder in der Schweiz noch in Israel oder Frankreich hatte ich Geld gehabt. Ich musste noch nie *nicht* arbeiten, um über die Runden zu kommen. Vielleicht liegt es daran, dass die Musik der 50er Jahre in New York meine Seele nicht berührte. Vielleicht war ich diesmal wirklich ein gestrandeter Fisch.

Wenn ich über die Musik dieser Zeit schreibe, dann berichte ich eigentlich mehr über die Dinge, die ich verpasst habe. Die 50er brachten die Blüte der amerikanischen Musicals. *My Fair Lady, Gypsy, The Music Man*, und eine ganze Reihe ähnlicher Shows spielten am Broadway, nur 15 Kilometer südlich der deutsch-jüdischen Enklave Washington Heights, wo ich wohnte. Doch ich hatte keine Zeit oder kein Geld hinzugehen. In den 50er Straßen West reihte sich ein Jazzclub an den anderen. Was mich betraf, hätten sie genauso gut auf einem anderen Planeten sein können (um ehrlich zu sein, es hätte mir in den Clubs sowieso nicht gefallen, Jazz war nie mein Ding). In Greenwich Village begann das Folkrevival. Etwas davon sickerte auch nach Uptown durch. Mein lieber Freund Al Kaplan, der Gilbert-und-Sullivan-Fan, wollte mir durch sein Vorsingen von „The Village of New York" der Folkgruppe Easy Riders demonstrieren, an welch wunderbarem Ort ich lebte.

Ich betrachte die Listen der Tophits von 1956, 1957, 1958, 1959 und sehe nur unbekannte Namen. Nichts. Man sollte doch annehmen, dass die zukünftige Dr. Ruth von der hüftschwingenden Sexualität eines Elvis the Pelvis angetan sein würde, des Königs des Rock 'n Roll. Von wegen! Habe ich ihn jemals „Hound Dog", „Love Me Tender" oder „All Shook Up" im Radio oder Fernsehen singen hören? Ich weiß es nicht.

Aber ich boxte mich durch. An der Universität und in der Nachbarschaft von Washington Heights fand ich viele gute Freunde. Übrigens wohne ich immer noch hier. Damals hatte ich eine Wohnung in der Seaman Avenue, oberhalb der Dyckman Street. Möbel hatte ich wenige, aber einen Plattenspieler – dafür wenig zum Auflegen. Jeden Freitagabend, nachdem ich Miriam zu Bett gebracht hatte, kamen Scharen von Leuten vorbei. Die einen brachten etwas zu Essen, die anderen zu Trinken und manche, und das war das wichtigste, brachten Platten mit. Um nichts in der Welt kann ich mich daran erinnern, was das für Musik war. Aber ich erinnere mich genau, dass wir eine Scheibe nach der anderen auflegten und bis zum Morgen tanzten. Walzer, Tango, Foxtrott. Endlich hatte ich meinen eigenen Salon, wenn auch ohne die gepflegten Gespräche, aber dafür mit meiner ganz eigenen bürgerlichen Version der freitagabendlichen Kibbuztänze.

Im Frühjahr 1961 luden mich Freunde zu einem Skiwochenende in die Catskills ein. Ich brachte Miriam zu anderen Freunden in New Jersey und zog los. In der Gruppe war einer, den ich noch nicht kannte, und wie der Zufall so spielt, fuhren wir im selben Skilift den Berg hoch. Wir fingen an, miteinander zu reden und hörten den ganzen Tag nicht mehr auf. Mein Begleiter war nicht so gesprächig wie ich (wer ist das schon?), aber ein Jecke wie ich auch. Er war Elektroingenieur, klein, gut aussehend und unverheiratet. Er gefiel mir sofort. Am Abend in der Hütte zog er eine Mundharmonika hervor und spielte Melodien. Eine Flut von Erinnerungen brach über mich herein. Und jetzt muss ich Ihnen etwas Seltsames berichten.

Ich habe immer behauptet, dass das erste Stück, das er spielte, „Die Tiroler sind lustig“ war. Das Lied, das mich immer nach Frankfurt zurückversetzte, als ich am Fenster stand, meine geliebte Großmutter an meiner Seite. Erst jetzt, nach mehr als sechzig Jahren, fällt mir auf, dass die Melodie, die mich in jene Zeit zurückversetzt, auch die Melodie eines anderen Liedes ist. Des Liedes nämlich, mit dem ich für alle Zeiten meine Trennung von allem assoziiere, was mir in der Kindheit lieb und teuer war: „Kommt ein Vogel geflogen“: „Lieber Vogel, fliege weiter … denn ich kann dich nicht begleiten, weil ich hier bleiben muss.“

Aber es war bestimmt das Lied von den lustigen Tirolern, das Fred Westheimer damals spielte.

V.

If I Can Make It There …

Fred und ich heirateten am 10. Dezember 1961. Mit einem Mal musste ich einer ernüchternden Tatsache ins Auge sehen: Wahrscheinlich würde ich nie wieder in Israel leben. Fred liebte kaltes Wetter und den Wechsel der Jahreszeiten. Er war zwar in Deutschland geboren wie ich, lebte aber schon seit zwanzig Jahren in den Staaten und fühlte sich als richtiger Amerikaner. Und auch mein Leben spielte sich inzwischen hier ab.

Nun folgten arbeitsreiche, aber glückliche Jahre. Die Zeit war ausgefüllt mit Studium, Arbeit, Kindern und Musik, die Fred in unsere Ehe mitbrachte. Wir verfügten zwar nicht über große Reichtümer, doch als Ingenieur hatte Fred ein regelmäßiges Einkommen. Zum ersten Mal in meinem Leben fühlte ich mich finanziell abgesichert. Fred hingegen wurde das Gefühl nie los, er wäre arm. Nicht, dass ihm das besonders viel ausmachte. Ich hegte den leisen Verdacht, dass er diese Armutsgedanken aus Solidarität mit seinem guten Freund Dale Ordes hegte, der *tatsächlich* wenig Geld besaß. Dale war Freds Busenfreund in Sachen Musik. Wenn die beiden zusammen saßen, holten sie ihre Gitarren hervor, Fred nahm noch seine Mundharmonika dazu. Sie sangen Lieder aus der Zeit der Depression wie „Brother Can You Spare a Dime“ und „Nobody Knows You When You're Down And Out“, dazu Lieder aus dem spanischen Bürgerkrieg, Protestlieder gegen soziale Ungerechtigkeit und schließlich auch Folksongs wie Pete Seegers „Where Have

All The Flowers Gone“ und Bob Dylans „Blowing In The Wind“.

Ich hörte gerne zu, wenn die beiden sangen. Ein Lied aus ihrem Folk-Revivalrepertoire rührte mich derart an, dass ich es kaum ertragen konnte: „Leaving on a Jet Plane“. Der damals noch relativ unbekannte John Denver hatte es geschrieben; später, 1967, machten Peter Paul and Mary es berühmt. Warum stimmte ausgerechnet dieses Lied mich so furchtbar traurig? Ich überhörte sogar die letzten Zeilen, die von dem Versprechen singen, zur Liebsten zurückzukehren. War es das Gefühl, dass der Liebende die Situation gar nicht unter Kontrolle hatte? Ich war auch schon einmal in meinem Leben von den mir liebsten Menschen getrennt worden. Zwar hatte ich sie nicht mit dem Flugzeug verlassen, sondern mit dem Zug. Auch sie hatten versprochen, dass wir uns wieder sehen würden und konnten dieses Versprechen doch nicht einlösen.

Already, I'm so lonesome I could cry.
So kiss me and smile for me,
Tell me that you'll wait for me,
Hold me like you'll never let me go.
I'm leaving on a jet plane.
I don't know when I'll be back again -
Oh babe, I hate to go.

Ich bin so allein, dass ich weinen könnte.
Küss mich und schenk mir ein Lächeln
Sag mir, dass du auf mich warten wirst
Halt mich in deinen Armen
und lass mich nie mehr los

Ich fliege mit dem Flugzeug weg
Und weiß nicht, wann ich wiederkomme
Baby, ich will nicht fort.

Mehr nach meinem Geschmack war „Little Boxes", Malvina Reynolds bitterböse Satire über mittelständische Gleichförmigkeit:

And the people in the houses
All went to the university ...
And they came out all the same.
And there's doctors and lawyers
And business executives
And they're all made out of ticky tacky
And they all look just the same ...

And the boys go into business
And marry and raise a family
In boxes made of ticky tacky
And they all look the same ...

Alle Menschen, die hier wohnen
Waren auf der Uni
Und bei allen ist das gleiche raus gekommen
Ärzte und Anwälte und Kaufleute
Alles das gleiche Ticke Tacke
und alle sehen sie gleich aus ...

Die Jungs werden Kaufleute,
Heiraten und gründen eine eigene Familie
In ihren Schachteln aus Ticke Tacke
Sehen sie alle gleich aus ...

Fred Westheimer hatte bisher jegliches Ticke Tacke vermieden. Jetzt war auch er verheiratet und hatte eine eigene Familie – und das mit meinem Zutun! Fred adoptierte sogleich Miriam. 1963 kam Joel zur Welt, unser gemeinsamer Sohn. Ich war erleichtert, als sich im Laufe der Jahre herausstellte, dass Joel die musikalische Begabung und das technische Geschick seines Vaters und nicht seiner Mutter geerbt hatte. In der musikalischen Welt unserer Kinder war Fred tonangebend. Auf unseren Familienreisen im Auto sangen wir miteinander. Als die Kinder klein waren, wurden Freds bevorzugte Protest- und Folklieder zum Besten gegeben: „If I Had A Hammer" und „We Shall Overcome". Dann bestand ich auf ein paar israelischen Liedern. Fred, Miriam und Joel waren sichtlich erleichtert, dass ich ihnen das laute Singen überließ.

Als kleines Mädchen spielte Miriam Blockflöte (wie ihre Mutter!) und Klavier. Ihre wirkliche Begabung war aber der Tanz. Besonders israelische Volkstänze beherrschte sie zur Perfektion. Im Laufe der Jahre entwickelte sich Miriam zu einer vollendeten Choreografin in den Staaten und in Israel, wo sie einige Zeit lebte, bevor sie wieder nach New York zurückkehrte. Joel trat in die Fußstapfen seines Vaters, was das Gitarrespielen angeht. Joel spielte – und spielt – wirklich gut. Als Student in Princeton trat er mit einem Freund richtig professionell auf. Einmal war ich dabei, als sie in einem Café in Greenwich Village spielten. Joels neuer Song „The Jewish Mother Blues" hatte Premiere: „Ich hab eine Mutter, die spricht im Radio über gewisse Dinge". Seine Karriere als Musiker hat Joel irgendwann zu Gunsten einer Professur aufgegeben. Ganz aber hat er sich nicht von der Musik verabschiedet. Joel komponiert immer noch Lieder für diverse Anlässe und spielt Gitarre bei unseren Familientreffen. Dann singen alle mit, sogar ich.

1970 verlieh mir das Columbia University Teachers College den Doktortitel in Erziehungswissenschaften. An diesen Tag werde ich mich immer voller Stolz erinnern. Die Auszeichnung krönte die harte Arbeit vieler Jahre, trotzdem musste ich mich kräftig zwicken, um sicher zu sein, dass ich nicht träumte. Als Kind hatte ich mir sehnlichst gewünscht, in die Schule gehen zu dürfen. Später hegte ich die schier unerfüllbare Hoffnung, einmal Kindergärtnerin zu werden. Und heute begann meine Karriere als Professorin am Lehmann College in der Bronx, einem Institut der New Yorker City University!

Einige Jahre später sollte ich High School Lehrern eine bessere methodische Umsetzung des Lehrplans für sexuelle Erziehung beibringen. Es erschien mir sinnvoll, vorher selber einige Seminare über Sexualität zu belegen. Was kam dabei heraus? Meine Niederlassung als ausgebildete Sexualtherapeutin mit eigener Praxis. Eines Tages hielt ich einen Vortrag vor leitenden Lokalredakteuren der New Yorker Radiosender über die Notwendigkeit besserer sexueller Erziehung. Daraufhin wurde ich zu einem Interviewprogramm des New Yorker Radiosenders WYNY eingeladen. Die Sendung wurde am 5. Mai 1980 aufgenommen. Am Nachmittag desselben Tages rief mich Betty Elam an, die leitende Lokalredakteurin des Senders. Ob ich daran interessiert sei, eine eigene Sendung zu machen, die jeden Samstag zwischen Mitternacht und 00 Uhr 15 ausgestrahlt würde? Ohne zu zögern sagte ich zu. „Dr. Ruth“ war geboren.

Betty meinte, zwei Dinge wären für die Sendung unumgänglich: eine Erkennungsmelodie und ein Name. Ersteres brachte mich ein wenig in Verlegenheit. So wandte ich mich an den Kantor meiner Synagoge in Washington Heights, Fred Herman. Nach einer Stunde hatte er die Lösung: ein barocker Tanz eines unbekannten Komponisten, gespielt auf Blockflöte und Trommel. Ich wusste augenblicklich, dass diese Musik perfekt zu meiner Sendung passte. Sie war elegant und voller Rhythmus. Rhythmus und Sexualität gehen miteinander einher, man denke nur an Ravels „Bolero" in dem Film „Ten". Über zehn Jahre hielt ich an der barocken Erkennungsmelodie für meine Sendungen fest. Was den Titel anbelangte, fragte ich meinen Fred um Rat. Sein Vorschlag: „Sexually Speaking". Genauso perfekt wie die Musik.[11]

Die erste Sendung war eigentlich nur ein Minivortrag in Sachen neueste Entwicklungen auf dem Gebiet der sexuellen Erziehung. Ich schloss die Sendung mit der Aufforderung, eventuelle Fragen einzuschicken. Die Woche darauf lag ein Stapel Briefe auf dem Tisch. Im ersten Jahr war die Sendung eine Art Radioversion der Ann Landers Kolumne. Nur, dass es bei mir um Sex ging. Rasch wurde die Sendung so beliebt, dass man mir eine Stunde Sendezeit gab und das Programm auf Sonntag, 22 Uhr, verlegte. Hörer konnten im Studio anrufen und ihre Fragen stellen. Die Sendung war *die* Sensation und wurde schon bald um eine weitere Stunde aufge-

[11] Für meine rund 450 Fernsehsendungen, die größtenteils vom Kabelsender Lifetime ausgestrahlt wurden, wurden eigens Melodien komponiert. Mein umsichtiger Produzent John Lollos hatte stets seine Ohren und Augen darauf.

stockt. Mit dreiundfünfzig war ich plötzlich eine Berühmtheit.

Ich weiß, wovon ich spreche, wenn ich sage, dass Ruhm ein seltsames Ding ist in den Vereinigten Staaten. Da war ich auf der einen Seite für Familie und Freunde die private Bürgerin Ruth, für meine Studenten, Patienten und Kollegen Frau Dr. Westheimer. Und dann gab es „Dr. Ruth", allen und jedem bekannt. Über Nacht hatte sich mein Leben völlig verändert – und fast immer zum Guten. Es vergeht kein Tag, an dem ich nicht denke, „Wie schön ist es, Dr. Ruth zu sein" und dann stelle ich fest, dass es in unserer Gesellschaft oft wichtiger ist, berühmt als gebildet zu sein.

Eine der angenehmsten Begleiterscheinungen meines Daseins als Dr. Ruth ist, dass ich ins Theater oder ins Konzert gehen kann, wann immer es mein Zeitplan erlaubt. Plötzlich konnte ich mir alle Musicals am Broadway anschauen, auch die, die ich damals in den 50er und 60er Jahren verpasst hatte, weil ich im Ausland war oder kein Geld für eine Karte auf den billigsten Rängen hatte. Ich werde zu vielen Premieren eingeladen und wenn ich eine Eintrittskarte benötige, weil ich die Premiere dazu verpasst habe, reicht ein Telefonanruf und schon erhalte ich einen jener „für den Veranstalter" reservierten Plätze. Die monatelange Warteschlange überspringe ich einfach. (Eben: „Wie schön ist es, Dr. Ruth zu sein"). Nachdem ich mir mittlerweile viele Musicals angeschaut habe, bin ich zu dem Schluss gekommen, dass mir schlichtweg alles an ihnen gefällt: die Musik, das Tanzen, die Geschichten und ihr Ausgang, glücklicherweise meistens ein Happyend. Ich gehe auch gerne in die Metropolitan Oper, einfach, weil es ein grandioses Erlebnis ist. Ein großer Opernfan bin ich aber nicht. Ich bin eine quirlige Person, Opern hingegen sind so furchtbar langatmig und gehen auch selten gut aus! Trotzdem gibt es einige, die mir gefallen, auch wenn sie tragisch enden. Die Musik von *La Bohème* ist so üppig und die Pariser Atmosphäre weckt so viele Assoziationen in mir, dass ich diese unglückselige, verzehrende Leidenschaft täglich durchleiden könnte. Und Mozarts *Zauberflöte* entzückt mich vom ersten bis zum letzten Takt. Besonders mag ich die Szene, in der der Vogelfänger Papageno in seiner Papagena die perfekte Frau findet. Es ist ein herrlicher Gedanke, dass irgendwo da draußen ein passender Irgendwer für dich herumläuft, selbst wenn du ein gefiederter Nonkonformist bist.

Mein liebstes Musical ist Andrew Lloyd Webbers *Phantom der Oper*. Seit seiner Uraufführung 1988 habe ich es sicherlich zwanzigmal gesehen. Wann immer ein Freund die Show besuchen möchte, biete ich an, Karten zu besorgen und gehe dann selbstverständlich auch mit. Das Theatralische dieses Musicals hat es mir besonders angetan, ebenso die Melodien, die dich nicht mehr loslassen und die pure Sentimentalität. Und es hat sogar so was wie ein Happyend. Mein Lieblingslied ist „Music of the Night", der Text von Charles Hart und Richard Stilgoe vermittelt eine Menge über die Macht der Musik. Und natürlich schwingen hier Sexualität und Liebe mit:

> Softly, deftly, music shall caress you,
> Hear it, feel it, secretly possess you.

Open up your mind, let your fantasies unwind
In the darkness which you know you cannot fight,
The darkness of the music of the night.

Weich und gewandt streichelt dich die Musik,
Höre sie, fühle sie, heimlich beherrscht sie dich
Öffne deine Sinne, lass deine Gedanken fliegen
In der Dunkelheit, gegen die du nicht ankommst
Die Dunkelheit der Musik der Nacht.

1998 feierte ich meinen siebzigsten Geburtstag. Mein Geschäftspartner Pierre Lehu hatte sich etwas ganz besonderes für die Geburtstagsfeier ausgedacht. Er ließ Rick Hilsabeck, den Starsänger aus dem *Phantom* vom Broadway kommen, um mir ein Ständchen zu singen. Rick sang natürlich „Music of the Night". Er hielt mich in seinen Armen als wäre ich die unschuldige Christine, die ihn komplett verzaubert hat. Zweifellos war das einer der Höhepunkte im Leben von Dr. Ruth – und bestimmt nicht nur von ihr, auch von Ruth K. Westheimer!

Zum Berühmtsein gehört auch eine Fernsehtalkshow. Ich hatte drei. Viele meiner Gäste waren Musiker, einige von ihnen aus der Rockszene. Ich war bereit, mich in den Talkshows mit jedem zu unterhalten, vor allem nachdem mich mein Produzent, John Lollos, genauestens in die Themenauswahl eingewiesen hatte (es reicht nicht aus, die Talente deiner Gäste zu kennen. Eine Talkshow wird nie ein Erfolg, wenn du nur dasitzt und davon schwärmst, was für ein außergewöhnlicher und begabter Mensch er oder sie doch sei. Daher interviewen Produzenten ihre Gäste schon im Vorfeld, damit „spontane" Situationen während der Sendung konstruiert werden können.). Die meisten Rockmusiker, die ich interviewte, sagten mir noch nicht einmal vom Namen her etwas. Mehr als einmal versetzte meine Unwissenheit meine Mitarbeiter in höchstes Staunen. Einmal sollte Bianca Jagger mein Gast sein. Ich fragte John, wer das denn sei. Er war nicht weiter überrascht, dass ich sie nicht kannte. Wir arbeiteten schon so lange und so eng zusammen, dass ihm das Ausmaß meiner Unwissenheit bezüglich Popkultur nicht entgangen war. Aber selbst er war fassungslos, als mich der Hinweis völlig unbeeindruckt ließ, Bianca sei Mick Jaggers Ex-Frau. Die Rolling Stones existierten für mich nicht. Manchmal nutzte John meine Ignoranz durchaus zu seinem Vorteil. Nie im Leben hätte ich Ozzy Osbourne in meine Show eingeladen, hätte ich gewusst, dass er bei seinen Konzerten Fledermäusen den Kopf abzubeißen pflegte. Da ich jedoch keine Ahnung davon hatte, was er gerne so zwischendurch auf der Bühne zu sich nahm, führten wir ein wunderbares Gespräch miteinander. Ozzy war ein lustiger und bezaubernder Gast und zudem ist er ein fürsorglicher Familienvater, wie wir inzwischen alle wissen.

Von meinem Gast Itzhak Perlman kann ich nicht behaupten, ich hätte ihn nicht gekannt. Ich hatte den großen Violinisten und Dirigenten schon öfter in Israel und hierzulande gehört und bewundert. Bevor er in meiner Sendung auftrat, hatte Marsha Lebby, eine der Co-Produzentinnen in einem Vorabgespräch herausgefunden, dass Itzhak ein Doo-wop Fan ist. Vor laufender Kamera fragte ich ihn danach und kaum, dass er das Wort Doo-wop (oder sind es Wörter?) gesagt hatte, tauchte auf der Bühne plötzlich eine Doo-wop Gruppe auf. Nicht genug, dass sie für ihn sangen, sie brachten Itzhak sogar dazu mitzusingen! Das war ein wunderschöner Moment. All dies wäre nicht möglich gewesen, wäre ich nicht „Dr. Ruth".

Doo-wop gefiel mir, Rockmusik aber ist nicht meins. Und doch habe ich eine Lieblingsgruppe, die U2. Ehrlich gesagt, begeistert mich die Musik weniger als das humanitäre Engagement des Bandleaders Bono, der seine Bekanntheit für gute Zwecke einsetzt. Zudem bewundern die U2 *mich*, allerdings aus mir unverständlichen Gründen. Als sie einen Grammy gewannen, bedankte sich Bono bei vielen, vielen Menschen, darunter auch „Dr. Ruth". Ein Jahr später bat mich U2 in einem Radiospot für ihr Album *Zoopapa* aufzutreten. Als ihre Tour sie nach New York brachte, ging ich zu ihrem Konzert. Ich nahm meinen Verwaltungsassistenten Cliff Rubin mit, der selbst Rockmusiker ist. Das Beste an dem Konzert war, als U2 vor 20.000 kreischenden Fans mich herzlich grüßten, als sie von der Bühne gingen. Nicht zum ersten und auch nicht zum letzten Mal sagte ich zu mir „Das war ein langer Weg von Frankfurt am Main bis hierher".

Wenn mich jemand fragt, was mir an der Rockmusik am besten gefällt, so antworte ich: ihre enge Verbindung zum Tanz. Wie gesagt, ich mag Tanzformen lieber, bei denen man den Partner berührt und hält. Es wäre unverzeihlich zu verschweigen, dass mein Mann Freddie traumhaft Polka tanzte. Der Rocktanz hat seinen eigenen Charme, er ist ausdrucksvoll, rhythmisch und oft fröhlich. Niemals werde ich den Kongress der Demokraten 1992 im Madison Square Garden vergessen, den ich für Nostalgie Television kommentierte. Kurz bevor Bill Clintons Nominierung bekannt gegeben wurde, schlich ich mit Pierre Lehu und seiner Frau Joanne ganz nach vorne bis zur Delegation aus Arkansas. Als in diesem Moment Clintons Name aus den Lautsprechern dröhnte, fielen tausende von Luftballons von der Decke, das wunderbare Fleetwood Mac-Lied „Don't Stop Thinking About Tomorrow" ertönte und alle in der Halle begannen Boogie zu tanzen. Selten habe ich so viele Leute mit so viel Spaß tanzen sehen.

Leute, die mich kennen, wissen, dass ich sofort die Schuhe ausziehe und lostanze, wenn sich nur irgendeine Gelegenheit bietet. Wenn die Musik mitreißend ist, dann sollten die Leute aufstehen und tanzen und sich nicht zu cool oder zu alt dazu fühlen. Neulich war ich wieder im Madison Square Garden bei einem Konzert von Elton John. Ich saß vorne bei den VIPs. Bei einigen seiner Lieder kribbelte es mir in den Füßen. Ich wollte aufspringen und lostanzen. Aber die Leute um mich herum saßen wie versteinert da. Irgendwann hielt ich es nicht mehr aus, sprang auf, schnappte mir einen Mann aus der Reihe hinter mir und brachte ihn dazu, mit mir im Durchgang zu tanzen. Ich bin sicher, er war ein ganz Berühmter, aber das Tanzen war mir wichtiger als sein Name. Ich vergaß schlicht und einfach, ihn danach zu fragen.

Eines Tages saß ich mit meinen Freunden Fred Howard und Bonnie Kaye beim Abendessen. Fred stellte mir einen großzügigen Scheck für meine Dokumentation über äthiopische Juden in Aussicht. Bedingung: Ich musste auf dem Tisch tanzen! Fred dachte wohl, ich würde mich nicht trauen, aber da kannte er mich schlecht. Ich sah mich im Lokal um, suchte den größten und schönsten Kellner aus, winkte ihn herbei, zog die Schuhe aus und bat den jungen Mann, mich auf den Tisch zu heben und meine Hand zu halten, damit ich nicht herunterfallen konnte und wirbelte drauflos. Ein andermal nahm ich an einer großen Spendenaktion teil. Zubin Mehta dirigierte das Tanzorchester. Das alleine war schon sensationell genug, aber es sollte noch besser kommen. Ich tanzte mit dem einen oder anderen – mit wem, weiß ich nicht mehr – da tippte mir Mehtas Manager plötzlich auf die Schulter „Der Maestro wünscht mit Ihnen zu tanzen". Ich ließ meinen Tanzpartner stehen, der Meister gab seinen Taktstock an seinen Kollegen weiter und los ging's! Das beste Tanzerlebnis hatte ich in einem Hotel in Jerusalem. Mein Freund Daniel Schwartz begleitete mich zu einem Meeting der Young Presidents' Organisation. Diese wunderbare Einrichtung bringt junge führende Geschäftsleute aus fünfundsiebzig Ländern zusammen. Ein professioneller Standardtänzer aus China, der Ehemann einer Delegierten, bat mich auf die Tanzfläche. Er musste wohl geahnt haben, dass ich eine bin, die gerne alles unter Kontrolle hat, denn als erstes erkundigte er sich höflich, ob er führen dürfe. Ich versprach ihm, dass ich es versuchen würde – so herrlich hatte ich noch nie Walzer und Tango getanzt!

Tanzen fällt mir leicht und macht mir Spaß. Aber wenn es ans Singen vor Publikum geht, bin ich plötzlich ganz kleinlaut. Doch als Dr. Ruth ist es mir gelungen, mich dieser Aversion zu stellen und sie teilweise sogar zu überwinden. Es war allerdings auch Dr. Ruth, die mich in derart ungewöhnliche Situationen gebracht hat. Vor einigen Jahren übertrug PBS das Benefizkonzert der Metropolitan Oper zugunsten der Aids-Hilfe. Es war Sonntagabend, also Zeit für meine Radiosendung. Nach ein paar Begrüßungsworten auf der Wohltätigkeitsveranstaltung sprang ich in ein wartendes Auto und wir sausten zwanzig Blocks weiter zum Rockefeller Center um meine Show zu produzieren. Sobald die Sendung um war, sprang ich wieder in ein wartendes Auto und flitzte zurück zur Oper im Lincoln Center. Ich trat auf die Bühne, als gerade das Schlusslied „The Best of Times“ aus *La Cage aux Folles* angestimmt wurde. Da stand ich, die unmusikalische Ruth Westheimer, auf der Bühne der Metropolitan Opera und sang mit. Wie herrlich unvorhersehbar das Leben doch sein kann, schoss mir durch den Kopf. Ich musste an meine Ausbilder im Pariser Kindergarten denken, die über meine begrenzte Gesangsbegabung schier verzweifelten. Jetzt hätten sie mich sehen müssen. Am Ende der Veranstaltung wurde mir ein bunter Umhang geschenkt, ein Bühnenkostüm, auf dem sich alle berühmten Persönlichkeiten verewigt hatten, die bei der Show mitgemacht hatten. Wie gesagt, es ist schön, Dr. Ruth zu sein.

Ein anderer „Auftritt“ als Sängerin war eher eine Kleinigkeit, aber dafür umso lustiger. Jedes Jahr tritt der Bürgermeister von New York in einer Show auf, die ihn und seine Mitarbeiter aus der Stadtverwaltung aufs Korn nimmt. Ich bin mit Bürgermeister Ed Koch befreundet.

Sein Beitrag in der Show war eine Version von *Little Shop of Horrors,* in der die Menschen fressende Pflanze Audrey eine Hauptrolle spielt. Als der Bürgermeister diese Pflanze dem Publikum vorstellte, öffnete sich ihr Mund und heraus sprang Dr. Ruth. Die Leute bogen sich vor Lachen.

1995 wurde ich gebeten, für eine Benefizveranstaltung in *Pippin* die Rolle Berthes, der Großmutter von Pippin, zu übernehmen. Sie muss nur ein einzige Lied zum Besten geben: „No Time at All", und das kann auch gesprochen statt gesungen werden. Ich war einverstanden, der Auftritt war keine große Sache mit Ausnahme des Singens, versteht sich. Berthe hat im Stück nicht viel zu tun, sie gibt gute Ratschläge, das ist alles. Mir gefiel das Lied, es könnte von mir sein (natürlich bei weitem nicht so witzig wie es bei dem Komponisten und Lyriker Stephen Schwartz klingt):

I've never wondered if I was afraid
When there was a challenge to take
I never thought about how much I weighed
When there was still one piece of cake …
Oh, it's time to start livin'
Time to take a little from the world we we're given
Time to take time, for Spring will turn to Fall
In just no time at all.

Ich hab mich nie gefragt, ob ich Angst hab
Wenn ein Abenteuer auf mich wartete
Nie hab ich daran gedacht, wie schwer ich bin
Wenn da noch ein Stück Kuchen

auf dem Teller lag...
Zeit wird's, mit dem Leben zu beginnen
Zeit, zu nehmen von dem, was uns geboten ist
Zeit, sich Zeit zu nehmen,
denn der Frühling wird zum Herbst
In Nullkommanichts.

Trotzdem ging mir nicht aus dem Kopf, dass es sich hier um ein Lied handelte. Ein Lied, das ich auf der Bühne eines Theaters vor vielen Menschen zum Besten geben musste. Ich probte unermüdlich mit dem musikalischen Leiter. Ich hatte solche Angst, meinen Einsatz zu verpassen oder unprofessionell zu erscheinen, dass ich meiner Familie verbot, zur Vorstellung zu kommen. Das Sängertrio, meine Chorbegleitung, rettete mich über meinen Part hinweg und als alles vorbei war, erntete ich stehenden Applaus. Nach dieser Veranstaltung hatte ich meine Lektion gelernt. Von nun an wurden meine Kinder und Enkelkinder zu allen meinen Auftritten eingeladen.

Das Experiment bewies auch, dass man ein Lied nicht nur singen sondern auch sprechen kann, ohne dass es seinen Reiz verliert. Das hat doch bei Rex Harrison auch funktioniert, oder nicht? Mein nächstes Experiment war eine Karaokeshow auf VH1. Ich trete gerne bei VH1 oder MTV auf, weil ich so meine Botschaft über sicheren Sex an die jungen Leute bringen kann. Pierre Lehu versicherte mir, das Lied „A Touch of Gray“ von den Grateful Dead, das er für mich ausgesucht hatte, könne auch gesprochen werden. Das stimmte. Das Beste war, dass ich zu dieser Zeit mein Haar grau nachwachsen ließ, so konnte ich während der Darbietung auf meinen grauen Schopf zeigen. Später engagierten mich die Leute von Clairol für ihre Herbal Essence Werbung und ich wurde wieder zur Blondine „gezwungen“. Blondes Haar gefällt mir besser, grau war für eine kurze Zeit ganz gut, und es machte mir Spaß, im Fernsehen darüber zu singen.

Immer wieder trat man an mich heran mit der Bitte, in Musicals aufzutreten. Ich habe immer wieder abgelehnt. Wie Sie wissen, kann ich nicht richtig singen und obwohl ich gerne ins Theater gehe, ist es nichts für mich, jeden Abend dort antreten zu müssen. Und doch fühlte ich mich geschmeichelt, als mir Tommy Tune anbot, der zweimal so groß wie ich ist, in dem Revival von *Bye Bye Birdie* seine Mutter zu spielen. Und in *The Rocky Horror Picture Show* am Broadway eine Woche lang den Erzähler zu mimen, war auch ganz amüsant. Es gelang mir auch auf eine weniger anstrengende Art, in einem Musical auf die Bühne zu kommen. Ich konnte mich entspannt im Saal zurücklehnen und mich über mein eigenes Broadwaydebüt amüsieren! In dem köstlichen Stück *Falsettos* von William Finn und James Lapine grübelt die Figur Mendel, ein Psychiater, darüber, warum er nicht zulassen kann, glücklich zu sein. Da erscheinen drei singende Riesenköpfe und nagen an seinem Gewissen: Freud, Jung und … Dr. Ruth! Dreistimmig singen wir „Why doncha feel all right for the rest of your life?“ („Warum kannste nicht glücklich sein für den Rest deines Lebens?“). Jemand hatte mir das alles schon vorher gesteckt, meinem Produzenten John Lollos erzählte ich natürlich nichts davon. Ich weiß nicht, was letztendlich amüsanter war, die singende Dr. Ruth in solch illustrer Gesellschaft oder Johns Gesicht.

Die bemerkenswerteste Darbietung in meiner nicht gerade brillanten Karriere verdanke ich meiner Schwäche für Schokolade. Auf dem Weg zu meinem Friseur Richard Stein machte ich einen Abstecher in den Süßigkeitsladen Teucher. Eine Frau sprach mich an. Ob ich eine Geschichte erzählen wolle, die sie gerade in Vorbereitung habe. Pierre Lehu stand dabei und gab ihr seine Visitenkarte, damit sie später die Einzelheiten mit mir besprechen konnte. Wäre ich nicht schon in *Pippin* aufgetreten, hätte ich ihr Anliegen sicherlich abgewimmelt und wäre nie für einen Grammy nominiert worden. Aber jetzt habe ich mich verplappert!

Die Frau hieß Connie Emmerich und war damals wie heute künstlerische Leiterin und Pianistin in einem Kammermusikorchester namens „An die Musik". Conny Emmerich hatte den Komponisten Bruce Adolph beauftragt, „Rotkäppchen" zu vertonen. Mein Part bestand darin, den Text der Geschichte zwischen den einzelnen Musikabschnitten vorzutragen. Auch diesmal war ich furchtbar aufgeregt, den Einsatz zu verpassen. Bei unserem Auftritt in der Merkin Hall beim Lincoln Center brauchte ich nur den ersten Violinisten im Auge zu behalten, der mir das Zeichen für den Einsatz gab. Es lief alles so gut, dass ich mich im darauf folgenden Jahr bereit erklärte, die Erzählerin für „Goldilocks and the Three Bears" zu geben.

Mit der Gruppe „An die Musik" bin ich öfter aufgetreten, unter anderem in einer Konzertreihe der Rockefeller Universität. Die Hälfte der Zuhörer waren Ärzte in weißen Kitteln. Die professionelle Tracht hatte mich so beeindruckt und abgelenkt, dass ich fast meinen Einsatz verpasst hätte.

Conny war der Meinung, die Darbietungen würden so gut laufen, dass wir sie für die Nachwelt aufzeichnen sollten. Einverstanden. Es wäre doch ein schönes Souvenir, dachte ich und ahnte nicht, dass die CD ganz anderes nach sich ziehen sollte. Larry Kramen von Newport Records brachte die Aufnahme ins Rennen, mit dem Ergebnis, dass sie für den Grammy Award nominiert wurde, in der Sparte Sprechgesang natürlich. Ich wusste gar nicht, dass es so etwas gibt. Meine Überraschung war dementsprechend groß, als ich davon erfuhr. Überraschung hin, Überraschung her, wenn ich schon nominiert war, wollte ich auch gewinnen. Ich erkundigte mich hier und dort und erfuhr, dass es am besten sei, eine Anzeige im Billboard zu schalten, dem Fachblatt der Musikindustrie. Nichts, aber auch gar nichts wollte ich dem Zufall überlassen, also marschierte ich selber zum Billboard, um mit den zuständigen Leuten zu reden.

Wie Sie sich lebhaft vorstellen können, sind die Leute dort an alle möglichen Rockstars gewöhnt. Und siehe da, die sonst so blasierten Billboarder machten ein Riesentrara um meine Person, standen Spalier vor dem Konferenzraum, in dem wir verhandelten, und baten mich um Autogramme. Ich war der absolute Hit und so wurde meine Anzeige speziell platziert, obendrein kam mein Bild auf die Titelseite, direkt neben U2, James Taylor, Alicia Keys, Don Henley und John Mellencamp. Nicht schlecht für jemanden, der weder singen noch ein Instrument spielen kann! Manchmal ist es wirklich *komisch,* Dr. Ruth zu sein.

Wie gerne würde ich davon berichten, dass die Qualität der Aufnahme und die von mir gestartete Werbekampagne uns den Grammy brachten. Aber das war nicht der Fall. Mit leeren Händen (und einer Riesentüte voller super kleiner Geschenke) kehrte ich von den Festlichkeiten zu Ehren der Grammy Verleihung aus Los Angeles zurück. Wenn wir schon leer ausgingen, dann war es wenigstens ein Trost, dass mein guter Freund Tom Chapin den Preis gewann. Er hatte mich zu einem Duett in seinem vorherigen Album „This Pretty Planet" überredet. Das Lied, das ich vortrug (nicht sang!) finde ich besonders goldig:

There's two kinds of seagulls:
He-gulls and she-gulls.
He-gulls like she-gulls
And that's why there's seagulls.

There's two kinds of penguins:
Ladyquins and menquins.
Ladyquins flip for menquins.
And that's why there's penguins.

Most creatures come in pairs.
That's the way they mingle.
One kind only would be lonely.
It takes two to tingle.

There's two kinds of peoples:
He-ples and she-ples.
He-ples like she-ples.
And she-ples like he-ples.
And that's why there's me-ples,
And you-ples and peoples.

Zwei Arten Möwen gibt's:
Möwenmännchen und Möwenweibchen.
Möwenmännchen mögen Möwenweibchen.
Drum gibt's Möwen.

Zwei Arten Pinguine gibt's:
Pingudamen und Pinguherren.
Pingudamen stehen auf Pinguherren.
Drum gibt's Pinguine.

Fast alle gibt's paarweise.
Und so kommen sie zusammen.
Einer allein wär' doch einsam.
Damit's prickelt, braucht's zwei.

Zwei Arten Menschen gibt's:
Mannmenschen und Weibmenschen.
Mannmenschen mögen Weibmenschen
Und Weibmenschen mögen Mannmenschen.
Drum gibt's mich
Und dich und all die anderen.

Das war doch genau mein Thema! Auch konnte ich so eine CD, auf der ich zu hören war, voller Stolz meinen Enkelkindern schenken.

Zugegeben, diese Bühnenexperimente haben ihren eigenen Reiz. Das wahre Musikvergnügen aber beginnt, wenn ich in einem Konzertsaal sitze und klassischer Musik lausche. Seit dem Tod meines Mannes Fred 1997 bin ich eine unermüdliche Konzertgängerin geworden. Manchmal plane ich meinen Konzertbesuch im Voraus, dann wieder entscheide ich mich spontan und fahre an einem freien Abend ins Lincoln Center und kaufe auf Verdacht eine Karte.

Ins Konzert zu gehen, ist eine gute Gelegenheit, sich mit Freunden zu treffen und etwas Sinnvolles zu unternehmen, statt als nervige deutsch-jüdische Witwe bei Kaffee und Kuchen herumzusitzen und sich jede Woche über das gleiche zu unterhalten. Ins Konzert zu gehen bedeutet aber mehr. Im Konzertsaal bin ich nicht gezwungen zu reden, „auf Sendung" zu sein. Dank der Bemühungen des schrecklichen Fräulein Riesenfeld in Heiden und meiner Verwandten Liesel in Jerusalem habe ich gelernt, mich auf das zu konzentrieren, was im Moment geschieht und alles andere nicht mehr wahrzunehmen. Im Konzertsaal öffne ich ganz bewusst die Poren meiner Seele und lasse die Musik eindringen. Ich könnte nicht sagen, wann ein Abschnitt beginnt oder endet, ich könnte nicht sagen, wann das Klavier oder die Geigen einsetzen und manchmal kann ich am nächsten Tag auch nicht sagen, wie das Stück oder der Komponist hieß. Es ist einfach ein starkes, läuterndes Erlebnis, so als würdest du eine Welle ganz nahe an dich heranlassen ohne dass sie dich hinweg spült.

Konzerte sind ein Quell des Vergnügens und am liebsten beobachte ich den Dirigenten. Dabei kommt mir oft die Bemerkung eines Freundes in den Sinn: Der Dirigent sieht aus, als hätte er/sie es gerade Sex mit dem Orchester. Vor allem bei dem brillanten Zubin Mehta fällt mir das auf, der seit einigen Jahren zu meinen Freunden zählt. Ein ganz großer Augenblick in meinem Lebens war der Abend, an dem ich in der New Yorker Philharmonie in Zubins Loge saß, wissend, dass er beim Verlassen der Bühne zu mir heraufschauen würde, um sich für meine Anwesenheit zu bedanken.

Neulich wollte ich von ihm wissen was, die treibende Kraft hinter seiner musikalischen Laufbahn als Dirigent in Israel, Bosnien, Norwegen, Japan, Indien, Kanada, USA und Deutschland war. Er meinte, sein ewiges Wandern rühre von einer „Besessenheit": „ Ich kann nicht aufhören. Ich spüre diesen Drang in mir, der Musik Ausdruck zu verleihen, den Musikern Höchstleistung abzuverlangen." Als ich Zubin nach der von mir unterstellten sexuellen Kommunikation zwischen ihm und dem Orchester fragte, lachte er: „Es hat nichts mit Sex zu tun, wohl aber mit Kommunikation. Hier spielen die Augen eine wichtige Rolle. Ich halte immer Blickkontakt zu den Musikern. Wenn nicht, fühle ich mich überhaupt nicht wohl. Man kann von guter Arbeit sprechen, wenn sich die Musik im Konzert zu Höhen aufschwingt, die sie während der Proben nie erreicht hat."

Er hielt inne. „Sexuelle Kommunikation war das, was ich bei Daniel Barenboim und seiner Frau Jacqueline du Pré (die 1987 verstorbene Cellistin) beim Spielen einer Sonate von Beethoven oder Brahms erlebt habe. Natürlich dachte da niemand an Sex. Ich hatte nur Chagalls Bild vor Augen, ein junges Paar, das durch die Lüfte schwebt. Genauso klang ihr Zusammenspiel, ein den beiden völlig unbewusster perfekter Einklang."

Zubin erklärte mir auch, warum Mozarts „Eine kleine Nachtmusik" mein Lieblingsstück ist: „Es ist die Perfektion des Klangs, wenn man bedenkt, dass Mozart sie an einem Stück geschrieben hat. Fehlerlos von Anfang bis Ende. Vom Stil her ist es der perfekte Kreis eines Komponisten. Die Deutschen glauben an Symmetrie und das hier ist die vollkommene Symmetrie in der Musik".

Ich verfolge auch mit Interesse die Karrieren bestimmter Musiker. Meine Zuneigung für den Geiger und den Menschen Itzhak Perlman habe ich schon erwähnt. Auch für die junge Cellistin Inbal Megiddo habe ich einen Platz in meinem Herzen reserviert. Sie wurde in Israel geboren und lebt jetzt in den Staaten. Ich hörte sie zum ersten Mal 1995 in einem Gedenkkonzert für Itzhak Rabin im Madison Square Garden. Sie spielte das Solostück *Kaddisch*, nach dem jüdischen Totengebet. Als ich sie so alleine vor tausenden von Menschen spielen sah, dachte ich: „Das ist eine sehr begabte und mutige junge Frau". Damals studierte sie noch in Yale. Nach dem Konzert kamen wir ins Gespräch. Sie fragte mich, ob ich in ihrem College eine Rede halten würde. Ohne zu zögern sagte ich zu. Zwei Jahre später war ich, wie versprochen, in Yale. Nach dem Dinner im Calhoun College gingen wir über die Straße, um in einer der Kirchen Yales einem Konzert beizuwohnen. Allesamt Cellisten, Inbal und zwanzig weitere. Seither spielte Inbal als Solistin mit vielen Orchestern, auch mit dem Prager Kammerorchester und dem Boston Classical Orchestra. Sie trat im Kennedy Center in Washington auf, und in New York in der Carnegie Hall und in der Alice Tully Hall. Einen Menschen wie sie, hochbegabt, hervorragend ausgebildet und beharrlich, kann ich nur bewundern.

Unter den Konzerten, die mir in Erinnerung geblieben sind, finden sich auch die meiner Enkelkinder. Selbstverständlich sind sie weniger professionell als die gerade beschriebenen, aber für eine Großmutter sind sie noch wertvoller. Mein Enkel Ari spielt Klarinette, ich war natürlich bei seinen Schulkonzerten anwesend. Meine beiden kleinen Enkelinnen Leora (Miriams Tochter) und Michal (Joels Tochter) ziehen für ihr Leben gern ihre kleinen Shows ab, wenn sie sich treffen. Es gibt kein größeres Vergnügen auf der ganzen Welt für eine stolze Großmutter. Kurz bevor ich diese Zeilen niederschrieb, erhielt ich die Nachricht von der Geburt des zweiten Kindes von Joel und seiner Frau Barbara, einem Sohn namens Benjamin Manfred Leckie Westheimer (mein Mann Fred hieß Manfred). Ich setzte mich sofort in ein Flugzeug nach Ottawa, um sie alle zu sehen. Benjamins Stimmchen war die süßeste Musik in meinen Ohren!

Meine Wohnung liegt am westlichen Ende von Manhattan. Aus dem Fenster blicke ich direkt auf den Hudson River unter mir, gegenüber die New Jersey Palisades. Die George Washington Brücke liegt zur Linken und wenn ich meinen Hals ein bisschen recke, sehe ich rechter Hand die Tappan Zee Brücke. Tagsüber durchflutet Sonnenlicht meine Wohnung und die Aussicht ist zu jeder Stunde herrlich, am schönsten ist sie, wenn die Sonne über dem Hudson untergeht oder nachts, wenn die Brücke im Glanz der Lichter glüht. Bei diesem herrlichen Ausblick soll ich jemals umziehen?

Wenn ich mich umdrehe und ins Zimmer schaue, weiß ich noch besser, dass ich niemals von hier wegziehen kann. Wie sollte ich dieses herrliche Wirrwarr von Büchern, Papieren und Gegenständen angehen? Meine Wohnung trägt keine Spuren bürgerlicher jeckischer Ordnung, sie ist nicht aufgeräumt wie Liesels Wohnung in Jerusalem. Vor vielen Jahren hätte ich mir eine solch propere Bleibe gewünscht. Heute ist mein Zuhause ein einziges Durcheinander und genau so gefällt es mir.

Unter den Papieren, die sich überall stapeln, lugen Schildkröten hervor, viele Schildkröten, Schildkröten in jeder Größe und in jeder Ausführung, Schildkröten aus Ton oder Holz, aus Metall oder Stein. Manche sind schön, andere kitschig, aber ich sammle sie, viele werden mir geschenkt, und die Schildkröten vermehren und vermehren sich. Warum Schildkröten? Denken Sie mal nach. Die Schildkröte kann sich in Sicherheit und Langeweile ewig in ihrem Panzer verstecken. Aber sie kommt keinen Schritt vorwärts, wenn sie ihren Kopf nicht herausstreckt. Und genau das ist die Geschichte der Ruth Westheimer.

In meinem Arbeitszimmer steht eines meiner wertvollsten Besitztümer, ein komplett eingerichtetes Puppenhaus mit Möbeln, Porzellan und Teppichen. Im Miniaturwohnzimmer steht ein Radio, der Esszimmertisch ist für die Familie gedeckt. Es ist schwierig, meinen Enkelinnen Leora und Michal zu erklären, dass sie mit diesem Puppenhaus nicht spielen dürfen, wenn sie bei mir zu Besuch sind. Das Puppenhaus gehört nur mir alleine. Die Mädchen sind viel zu klein um zu begreifen, dass hier die 30er Jahre nachgestellt sind. Ist es das Puppenhaus, mit dem ich gespielt hätte, wenn nicht alles so plötzlich abgerissen wäre? Oder ist es mein Zuhause, das ich verloren habe? Hier steht es wie ein chinesisches Rätsel, ein kleines Haus, in dem ich nicht wohnen kann, inmitten eines größeren Hauses, in dem ich lebe.

Überall stehen auch noch meine Spieldosen herum. Einige sind extravagant, andere einfach, das spielt keine Rolle, ist mir doch ihr emotionales Kapital wichtiger als ihr Verkaufswert. Eine davon spielt „Here Comes the Bride". Beim Klang der vertrauten Melodie muss ich lächeln. Ich glaube fest an die Institution der Ehe: Doch selbst in meinen kühnsten Träumen hätte ich nicht ahnen können, dass ich so oft in ihren Genuss kommen würde. Beim dritten Versuch stieß ich auf Gold. Ich hatte Riesenglück. Werde ich noch eine vierte Gelegenheit haben? Ich will es nicht ausschließen.

Dann besitze ich noch zwei Schneekugeln, eine ist ein Souvenir aus Washington, D.C., und spielt „The Battle Hymn of the Republic". Die andere mit der Skyline von Manhattan spielt „New York, New York", die Hymne auf alles, was in dieser Stadt möglich ist. Ich *habe* es in dieser Stadt geschafft. Was ich alles geschafft habe, hätte ich nie zu träumen gewagt. Das wird mir klar, wenn ich eine andere Spieldose betrachte, die eine kleine Nähmaschine ist. Sie hat ein Fußpedal, das sich auf und ab bewegt, wenn sie eine Melodie aus *Schwanensee* spielt. Ich muss immer lachen, wenn ich dieses kleine Geschenk sehe. Als ich 1956 zum ersten Mal nach Amerika kam, ging ich an einem Schaufenster vorbei, in dem Singer-Nähmaschinen ausgestellt waren, auf Ratenzahlung von einem Dollar die Woche. Mit meinem damaligen schlechten Englisch fand ich das ungeheuer komisch. „Wer weiß", sagte ich zu Dan, „vielleicht muss ich einmal meinen Lebensunterhalt mit gleichzeitigem Nähen und Singen verdienen". Ich kaufte damals eine Nähmaschine, ich habe sie heute noch. Sie hat keine Musik in sich, die kleine aber doch.

Ich habe auch zwei Dosen, aus denen „Edelweiß" klingt. Ich weiß, dass es eine Broadwaymelodie aus einer Show ist, die in Österreich spielt. Aber sie erinnert mich aber an meine geliebten Schweizer Berge. Auf der einen Spieldose tanzen Kinder aus Holz im Kreis. Sie erinnern mich an die kleinen Kinder, die ich in Heiden betreute, vor vielen, vielen Jahren. Die andere sieht aus wie eine winzige Schweizer Hütte, sie steht direkt neben einer anderen, größeren, nicht singenden Chalet, die ich zu Freds Entsetzen vor einigen Jahre aus der Schweiz mitgebracht hatte. Ich sah das kleine Modell in einem Laden, als wir gerade zu einer Wanderung aufbrechen wollten. Das Chaletchen kostete damals um die 70 Dollar, ein Vermögen. Obwohl es furchtbar teuer und völlig nutzlos war, musste ich es *auf der Stelle* haben. Ich weiß gar nicht, was damals in mich gefahren war; ich war überzeugt, dass es mir ein anderer vor der Nase wegschnappen wird, wenn ich es erst auf dem Rückweg erstünde. Also schlug ich sofort zu und schleppte ich es den ganzen Tag in den Bergen herum. Heute stehen die große Hütte und die kleine Hütte einträchtig nebeneinander auf einem Tisch in meinem Wohnzimmer.

Die Königin unter meinen Spieldosen ist ohne Zweifel ein Karussell mit handgeschnitzten Pferden, ein Geschenk von Miriam und ihrem Mann Joel Einleger. Wenn du sie aufziehst, traben die Pferde im Kreis umher. Dazu spielt Andrew Lloyd Webbers „Memories". Heute kann ich ja zugeben, dass mir die Melodie nicht besonders zusagt. Als ich dieses Buch schrieb, habe ich viele Erinnerungen aus Untiefen wieder hervorgekramt. Doch diese Melodie ist gegen meine Natur. Ich bin nicht der Typ, der im Schaukelstuhl sitzt und in der Vergangenheit versinkt. Ich lebe im Hier und Jetzt und will nur vorwärts gehen, ohne stehen zu bleiben.

Am 11. Mai 2002 erhielt ich, zusammen mit einigen Dutzend anderer Auserwählter, die Ellis Island Medal of Honor. Diese Auszeichnung wird seit 1986 jährlich von der NECO (National Ethnic Coalition of Organizations) vergeben, um „die Erfahrung als Emmigrant wie auch persönliche Verdienste" zu würdigen. Ich empfand es als große Ehre, eine der Auserwählten zu sein, waren unter meinen Vorgängern doch schon vier Präsidenten und die Generäle Colin Powell und Norman Schwarzkopf. Ich bin nicht über Ellis Island eingewandert, aber der Symbolik dieses Ortes kann auch ich mich nicht entziehen. Für Generationen von Einwanderer und deren Kinder ist Ellis Island das Wahrzeichen, dass fast *alle* Amerikaner von anderswo herkommen.

Als ich 1939 Deutschland verließ, besaß ich einen so genannten „Nansen Pass", einen Ausweis, den der norwegische Entdecker und Staatsmann Fridtjof Nansen 1922 ersann. Der Pass wurde vom Völkerbund staatenlosen Flüchtlingen ausgestellt und von 52 Regierungen anerkannt. Nach der Gründung des Staates Israel wurde ich israelische Staatsbürgerin. Die ersten Jahre fühlte ich mich hier in den Vereinigten Staaten als eine israelische Studentin, eine etwas betagte Studentin zwar, die hier ihre Ausbildung abschließt, um dann für immer nach Israel zurückzukehren. (Mit Miriam sprach ich anfangs hebräisch, ihre ersten Worte waren hebräisch). Erst als ich Fred geheiratet hatte, das war 1961, wurde mir klar, dass ich nie wieder in Israel leben würde. So begann ich 1965 die amerikanische Verfassung, die Bill of Rights und das System der demokratischen Prinzipien zu büffeln. Ich bestand die Prüfung zur Anerkennung der amerikanischen Staatsbürgerschaft. Seither bin ich glücklich und stolz, Amerikanerin zu sein.

Die Feierlichkeiten der Preisvergabe begannen mit einem ökumenischen Gottesdienst in der St. Patricks Kathedrale in der Fifth Avenue. Wir wurden in die erste Reihe gebeten. Wie gesagt, ich bin gerne in Kirchen. St. Patrick's ist besonders beeindruckend, aber da war ein kleines Problem. Ich übersah, dass da eine niedrige Bank war, auf die die Katholiken hinknieten, um zu beten. Ich stieß mir kräftig das Bein an der Eisenstange. „So wird eine Jüdin bestraft, die in eine Kirche geht", sagte ich mir.

Glücklicherweise verlief der restliche Tag ohne weitere Missgeschicke und Verletzungen. Nach dem Lunch wurden wir zur zeremoniellen Preisvergabe nach Ellis Island gebracht. Umso bemerkenswerter, da es die erste Feierlichkeit war, die nach den schrecklichen Ereignissen des 11. September 2001 auf der Insel abgehalten wurde. Die Zeremonie wurde mit militärischen Ehren ausgeführt, die Fahne gehisst, dekorierte Soldaten salutierten. Ein Orchester der Marineinfanterie und eine Militärband spielten patriotische Lieder und Märsche und eine a capella-Gruppe von dreißig Soldaten sang für uns.

Wie weit war doch der Weg aus der Schweiz bis hierher. Dort hatte ich mit Inbrunst patriotische Lieder gesungen, auch wenn sie nicht für mich bestimmt waren. Hier nun wurde ich nicht nur akzeptiert, hier wurde ich auch noch gefeiert. Ich konnte „God Bless America“ mit Überzeugung singen und sogar ohne Angst, die falsche Note zu erwischen. Gleichzeitig packte mich auch eine unbeschreibliche Traurigkeit. Während die Musik um mich herum anschwoll, dachte ich an das, was nur acht Monaten zuvor auf der anderen Seite des New Yorker Hafens geschehen war. Ich dachte auch an die Gewalt in Israel, wo es so aussah, als würden Israelis und Palästinenser nie friedvoll miteinander leben können. Mein Leben ist ein Faden, gesponnen zwischen Zeiten von Krieg und Frieden. Obwohl ich beim Anblick der vielen Soldaten irgendwie beruhigt war, wissend, dass sie im Notfall bereit wären zu kämpfen, betete ich, dass meine Kinder und Enkelkinder und auch ich nie mehr einen Krieg mit all seinen Schrecken erleben werden.

Das waren meine Gedanken, als ich so dastand. Ich dachte auch, dass sich der Kreis schloss, wie immer begleitet von patriotischen Liedern und Hymnen. Als Kind fühlte ich mich als echte Deutsche. Wie sehr ich mich geirrt hatte, merke ich, wenn ich die liebliche und schmerzliche Nationalhymne höre. In der Schweiz traf ich eine Art innere Abmachung. Ich lieh mir Schweizer

Patriotismus aus und sang die dazugehörenden Lieder aus vollem Herzen. Tief in mir wusste ich aber, dass dies alles nur vorläufig sein würde. Ich sang auch in Israel aus ganzem Herzen, doch auch das sollte nur vorübergehend sein. Während ich so dasaß im Paradestand auf Ellis Island, das fabelhafte Grucci-Feuerwerk im Himmel über der Freiheitsstatue und dem Hafen von New York bestaunte, begleitet vom „Star-Spangled Banner", wusste ich tief in meinem Herzen: Das ist meine Musik. Ich bin endlich angekommen.

Wie Sie wissen, war mein verstorbener Mann Fred der musikalische Part in unserer Ehe. Er konnte wunderbar singen, spielte Gitarre, Mundharmonika und Klavier. Es war Freds Verdienst, dass unsere Tochter Miriam Klavier spielen lernte und unser Sohn Joel erbte eindeutig das musikalische Talent seines Vaters, nicht das seiner Mutter. Fred war derjenige, der unser Zuhause mit Musik füllte. Seinem Andenken widme ich dieses Buch.

Einen besseren Ehemann als Fred kann keine Frau finden. Er war der Meinung, ich könnte alles erreichen, was ich mir in den Kopf setzte. Wäre er noch am Leben, stünde er meinem momentanen Vorhaben allerdings skeptisch gegenüber. Während ich diese Zeilen schreibe, höre ich seine klare Stimme, die zu meinem Verleger sagt: „Hören Sie mal, wenn Sie jemanden aus unserer Familie brauchen, der über Musik schreibt, dann kommen Sie am besten zu mir. *Sie* hat doch immer behauptet, Musik interessiere sie nicht. Ich sage es nur ungern, aber meiner Meinung nach versteht sie auch nicht besonders viel davon.“

Diesmal hast du unrecht, lieber Freddie. Ich merke erst jetzt, dass ich mich schon immer für Musik interessiert habe. Und ich glaube, auf meine Art und Weise verstehe ich inzwischen ziemlich viel davon.

Anmerkung der Verfasserin

Als ich mir über dieses Buch die ersten Gedanken machte, war ich überzeugt dass es ein vergnügliches Projekt werden würde. Doch dann wurde es immer bedeutungsvoller. Anfangs wusste ich selbst nicht, welch große Rolle Musik in meinem Leben gespielt hat. Erst bei der Rekonstruktion der Zusammenhänge zwischen Musik und Vergangenheit, entdeckte ich viele Erinnerungen, die andernfalls wahrscheinlich verloren gegangen wären. Eine Menge meiner Erinnerungen sind traurig, der größte Teil ist jedoch positiv. Musik kann uns aufrichten. Meistens waren für mich die Phasen, in denen Musik eine Rolle spielte, sehr glückliche Zeiten in meinem Leben.

Jetzt habe ich genug über mich geschrieben. Zum Abschluss meines Buches möchte ich von der Autobiografin Ruth Westheimer zur bekannteren Rolle der beratenden Dr. Ruth wechseln. Wenn Musik in *meinem* Leben so wertvoll für *mich* war, dann wird die Suche nach Musik in *Ihrem* Leben für *Sie* genau so wichtig sein. Ich würde sogar sagen, unverzichtbar. Sie sind wahrscheinlich kein Flüchtling und besitzen mehr Aufzeichnungen Ihres jungen Lebens als ich, Fotos und Videos, so viele wahrscheinlich, dass Sie gar nicht wissen, wohin damit. Diese Bilder lösen viele Erinnerungen aus, aber Musik ist wie Mathematik in der linken Hälfte Ihres Hirns angesiedelt, die visuellen Reize werden rechts verarbeitet. Ich habe keine wissenschaftlichen Studien angestellt, was ich aber an mir selber beobachten konnte, reicht aus, um zu glauben, dass Musik ein völlig anderer Auslöser von Erinnerungen ist. Musik wühlt Erinnerungen auf, die kein Foto auslösen kann. Denn Musik richtet unseren Blick nach innen. Nicht umsonst schließt man oft die Augen beim Zuhören, um nicht von visuellen Reizen abgelenkt zu werden.

Ich kann Ihnen nur raten, den gleichen Weg zu gehen wie ich. Durchforschen Sie Ihre Gedächtnisbanken nach Musikstücken aus verschiedenen Lebensabschnitten. Dann lauschen Sie dieser Musik. Wenn Sie keine Aufnahmen finden, summen Sie die Musik einfach. Erinnern Sie sich an die Worte? Dann lehnen Sie sich zurück und warten auf die Erinnerung, die jeder Ton erweckt. Sie werden sehen, und das garantiere ich Ihnen, dass Sie die Zeit sinnvoll genutzt haben.

Wenn Sie sich mit elektronischen Geräten besser auskennen als ich (was nicht schwer sein dürfte!), machen Sie eine CD oder eine Bandaufzeichnung „Die größten Hits meines Lebens". Mit anderen Worten, konstruieren Sie Ihre musikalische Autobiografie. Nehmen Sie Lieder aus Ihrer Kindheit und aus wichtigen Momenten Ihres Lebens, auch so offensichtlich wichtige wie Ihr Hochzeitslied. Manche der Lieder können auch nur für Sie alleine Bedeutung haben, sie werden vielleicht ganz intime Momente zurückholen. Ihre erste Liebe zum Beispiel. Das ist auch das seltsame an der Musik: Die anderen um Sie herum hören dieselbe Musik, aber für Sie ist sie einmalig in ihrer Bedeutung.

Ihre Aufzeichnung wird Sie dahin bringen, wo mich das Schreiben dieses Buches hingeführt hat. Ihre Erfahrungen werden so wichtig und lohnenswert sein wie meine sind. Hören Sie Ihre Aufzeichnung an, so oft Sie Lust dazu haben. Entweder von Anfang bis Ende oder auch nur Ausschnitte. Schließen Sie die Augen, lassen Sie die einzelnen Töne in Ihr Gehirn fließen und erleben Sie die besten Zeiten Ihres Lebens noch einmal.

Dank

Ich danke allen Personen, die in diesem Buch vorkommen. Ein ganz besonderes Loblied möchte ich auf den Verleger Jerry Singerman (University of Pennsylvania Press) „anstimmen“, der die Idee zu diesem Buch hatte und Danke auch dem Centrum Judaicum - Berlin, Dr. Hermann Simon der zusammen mit dem Verleger Kurt Stellfeld für die deutsche Fassung gesorgt hat. Ich danke Ben Yagoda, den hervorragenden Schriftsteller, mit dem ich in guter Zusammenarbeit mehrere Bücher verfasst habe, und an Pierre Lehu, seit zwanzig Jahren mein vorzüglicher „Minister“ für Kommunikation.

Besonderer Dank geht auch an Erica Ginsburg, Rebecca Rich und weitere Mitarbeiter der University of Pennsylvania Press, an Fred Behrend, David Best, M.D., Mark Blechner, Ph.D., Esther Coopersmith, Mary Cuadrado, Ph.D., Marsha Bryan Edelman, Ed.D., Robert Freedman, Murray Horwitz, Steven Kaplan, Ph.D., Robert Krasner, M.D., Marga und Bill Kunreuther, Lou Liebermann, Ph.D., Sanford Lopater, Ph.D., Vernon Mosheim, Kantor Henry Rosenblum, Cliff Rubin, Daniel Schwartz, Amir Shaviv, Jeffrey Tabak, Esq., Malcolm Thomson, Gary Tinterow und Greg Willenborg.

Mein innigster Dank an meine Familie. Miriam Westheimer, Ed.D. und Joel Einleger, M.B.A., Joel Westheimer, Ph.D. und Barbara Leckie, Ph.D. und meinen vier fantastischen Enkeln, Ari, Leora, Michal, und dem Neuzuwachs Benjamin Manfred Leckie Westheimer. Ihr Kichern ist die süßeste Musik in meinen Ohren.

1988

Quellennachweis

Permission has kindly been granted to reprint lyrics from the following. From „You Are My Sunshine," by Jimmie Davis. Copyright © 194o by Peer International Corporation. Copyright © renewed. International rights secured. Used by permission. All rights reserved. From „I'm Gonna Wash That Man Right Outa My Hair," by Richard Rodgers and Oscar Hammerstein II. Copyright ®1949 by Richard Rodgers and Oscar Hammerstein II. Copyright renewed. Williamson Music owner of publication and allied rights throughout the world. International copyright secured. All rights reserved. Used by permission. From „Leaving on a jet Plane." Words and music by John Denver. Copyright ©1967; renewed 1995 Cherry Lane Music Publishing Company, Inc. (ASCAP) and DreamWorks Songs (ASCAP). Rights for DreamWorks Songs administered by Cherry Lane Music Publishing Company, Inc. International copyright secured. All rights reserved. From the song „Little Boxes." Words and music by Malvina Reynolds. m copyright 1962 Schroder Music Co. (ASCAP). Renewed 199o. Used by permission. All rights reserved. From „The Music of the Night" from *The Phantom of the Opera.* Music: Andrew Lloyd Webber. Lyrics: Charles Hart. Additional lyrics: Richard Stilgoe. © copyright 1986 The Really Useful Group Ltd., London. All rights reserved. International copyright secured. From „No Time at All," by Stephen Schwartz. ©1972 (renewed) Stephen Schwartz. All rights for the world administered by EMI Mills Music, Inc. and Jobete Music Co., Inc. All rights reserved. Used by permis-sion. Warner Bros. Publications U.S. Inc., Miami, FL 33014. From „Two Kinds of Seagulls." Music and lyrics by John Forster; additional lyrics by Tom Chapin. 0199o by Limousine Music Co. (ASCAP) and The Last Music Co. (ASCAP). All rights reserved.

Stella K. Hershan

In Freundschaft, Elisabeth

ISBN 3-935192-94-0

Der nackte Engel

ISBN 3-935192-43-6

Historische Frauengestalten sind die Spezialität der Autorin. Nicht die klassische Biographie, sondern die Romanform verzaubert die Leser/innen.
Ob es Elisabeth, Kaiserin von Österreich ist, die einen Brief an die Frau von heute schreibt oder das Tagebuch der Prinzessin Katharina Bagration, die 'Schwester' von Zar Alexander I. und Geliebte des Fürsten Metternich oder Eleanor Roosevelt, die Autorin setzt ihre eigenen literarischen Maßstäbe.

Gryphon